Tout le futur selon des sources contradictoires

Le Gorafi

DE L'ANNÉE

2017

Politique, économie, faits divers, people… 2017 comme si vous y étiez !

Flammarion

PRÉFACE

Ce livre est né d'un pari avec deux de mes proches amis, Patrick Drahi et Vincent Bolloré. Deux hommes de presse que je respecte et qui ont su apprendre de mes conseils. Un soir, Vincent me demande mes prévisions pour 2017. Je lui ai répondu que je savais déjà ce qui allait arriver. Il me fit le pari de le prouver.

Vous n'êtes pas sans ignorer que, depuis 1826, nous avons les meilleurs journalistes du monde. Ils savent tout, enquêtent sur tout, rien ne leur échappe. Nos journalistes sont tellement bien renseignés qu'ils savent exactement qui va faire l'info, où et quand. C'est le talent d'un journaliste d'investigation, il peut tout prévoir.

Rien dans ce livre n'est le fruit de l'imagination, d'un quelconque délire. Non, tout ce que vous allez lire va réellement arriver.

Pour nous, il s'agit à la fois de prendre un peu d'avance sur une année charnière et en même temps d'engranger d'importantes plus-values sur un ouvrage qui sera vendu massivement dans le cadre des fêtes de fin d'année et que vous allez offrir à des personnes pour leur faire croire que vous les appréciez. N'oubliez pas que ces personnes agiront de même envers vous.

Vous serez peut-être surpris par certaines infos, peut-être même serez-vous choqués ; vous tenterez dès lors d'empêcher la marche inéluctable du temps. Mais c'est hélas totalement inutile. Toutes nos informations ont été vérifiées en amont : nous avons interrogé des dizaines de personnalités sur leurs projets, leurs plans pour 2017.

À partir de ces sources et d'un algorithme ultrasecret, nous avons donc pu calculer les événements qui vont se produire dans l'année à venir. Et les algorithmes, c'est très sérieux, c'est mathématique, cela ne se trompe jamais. C'est la science, c'est comme ça. Et si vous n'êtes pas content, vous n'avez qu'à rester en 2016.

Autant vous le dire tout de suite, l'année 2017 ne sera pas une année bissextile : elle commencera le 1er janvier et se terminera le 31 décembre et toutes ses journées seront composées de 24 heures. Et vous n'êtes pas au bout de vos surprises, car d'autres révélations tout aussi extraordinaires vous attendent dans ce livre.

« L'idée de l'avenir est plus féconde que l'avenir lui-même », disait Bergson. Je n'ai jamais compris cette phrase, mais j'ai toujours senti qu'elle ferait très bien dans un livre, surtout à la fin d'une préface.

C'est donc avec une intense émotion que j'ouvre ce quatrième ouvrage de notre rédaction, entièrement publié sur papier non recyclé. Et maintenant, joignez-vous à moi pour tourner les pages de votre année à venir. Et, comme le dit si bien mon ami Jean-Claude Narcy, *« ce n'est pas nous qui faisons l'information, c'est l'information qui nous fait »*.

Jean-François Buissière

Le Gorafi
www.legorafi.fr
JANVIER 2017

Alain Juppé en hausse chez les jeunes après son piercing au téton… p. 10

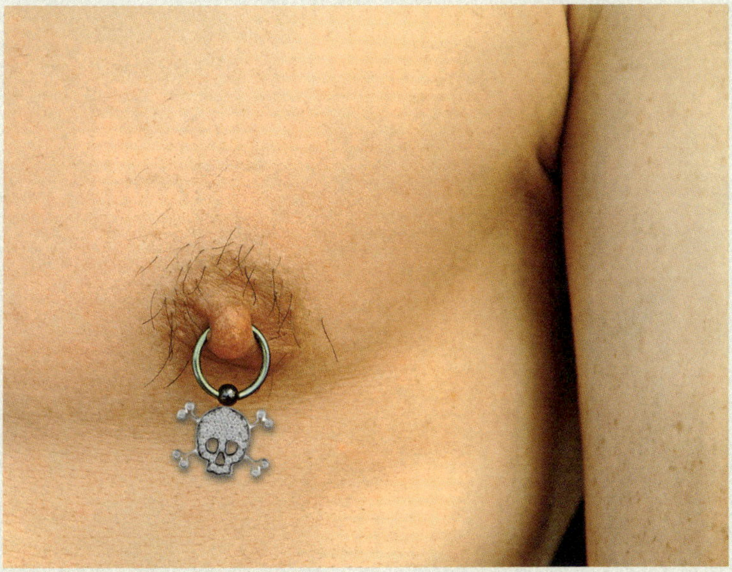

Nicolas Sarkozy fait installer Jean-François Copé sur le toit de son QG de campagne pour servir de paratonnerre…p. 16

Campagne électorale : Manuel Valls fait appel à des intérimaires pour gouverner le pays… p. 8

Insolite : un Français aurait fait quelque chose de bien… p. 9

Macron trahit son camp et rejoint les rangs du Parti socialiste… p. 14

78 % des Français ont déjà une mauvaise opinion du futur président de la République … p. 18

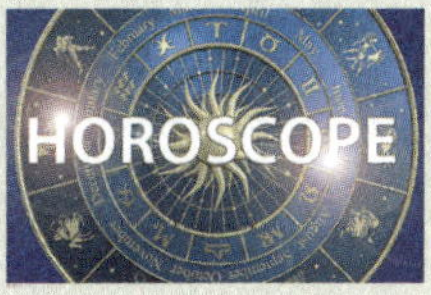

VERSEAUX…p. 25

Campagne électorale : Manuel Valls fait appel à des intérimaires pour gouverner le pays

Le Premier ministre a lancé un appel d'offres auprès des principales agences de travail intérimaire pour trouver celui qui le remplacera pendant la campagne électorale qui doit officiellement s'ouvrir dans quelques jours.

Manuel Valls, qui n'a jamais caché son opposition au cumul des mandats, envoie un signe fort aux critiques. Une position soutenue par la ministre de l'Éducation nationale qui sera elle-même remplacée par un mi-temps. « *Manu souhaite ainsi se concentrer à 100 % sur son mandat le plus important : celui de candidat à la présidence de la République* », a déclaré Najat Vallaud-Belkacem.

Un signe fort

Malgré tous les efforts de communication, l'initiative semble irriter au sein même de la majorité. Plusieurs voix se sont élevées, dont celle de Bruno Le Roux, déclarant « *qu'un écologiste aurait suffi* ». Une stratégie qui fait donc parler et qui diffère de celle employée par Nicolas Sarkozy qui avait embauché au noir plusieurs travailleurs étrangers pour diriger le pays pendant sa campagne de la présidentielle, en 2012.

L'initiative semble irriter au sein même de la majorité

Contactée par téléphone, une agence Manpower située en banlieue parisienne prétend avoir une certaine Valérie B., titulaire du BEP-CAP secrétariat, pour assurer l'intérim de Manuel Valls. « *Le Premier ministre examinera*

chaque candidature lui-même pour trouver son remplaçant », a déclaré la directrice de l'agence en précisant que chacun peut postuler en envoyant son CV et une lettre de motivation ou en se présentant directement à Matignon.

INSOLITE : UN FRANÇAIS AURAIT FAIT QUELQUE CHOSE DE BIEN

Orléans – Selon plusieurs informations contradictoires, une personne aurait fait quelque chose de bien, dans la journée. Plusieurs témoins confirment qu'il s'agissait de « *quelque chose de bien, voire plutôt pas mal* ». Une affaire à suivre.

Alain Juppé en hausse chez les jeunes après son piercing au téton

Alain Juppé est un homme de challenges, et celui de rallier les jeunes à sa cause en est un particulièrement difficile. « *Il a une image de vieux ringard*, nous confie Hervé Bonneteau, son conseiller en communication. *Les jeunes ne veulent pas voter pour quelqu'un de plus riche, plus intelligent*

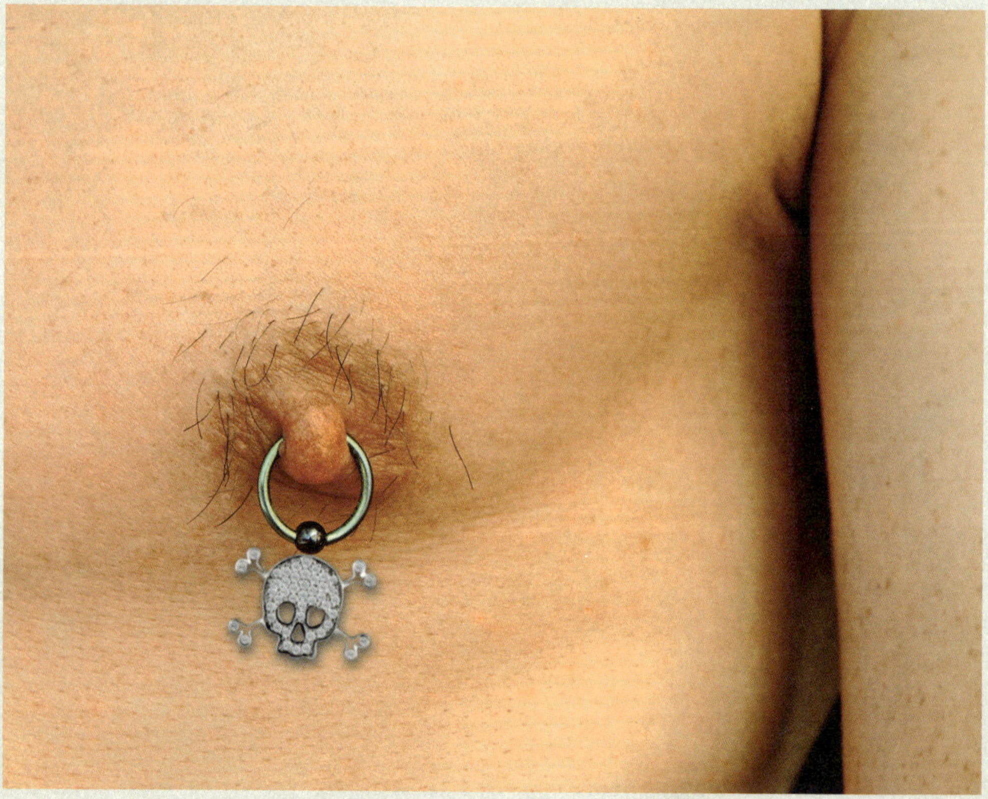

et plus classe qu'eux. C'est pour ça qu'ils votent à gauche d'habitude. »

Une reconquête de l'électorat 18-25

Après des mois de négociations, Alain Juppé a finalement accepté de faire des concessions pour reconquérir l'électorat de la tranche des 18-25 ans. *« Au début, il voulait mettre un pin's ou acheter une super Nintendo. On s'est rendu compte qu'il était resté bloqué en 1995, l'époque où il était ministre »*, raconte un proche qui a préféré rester anonyme.

Il a fallu *« tout reprendre à zéro »* et expliquer à l'ancien ministre les nouveaux codes de la jeunesse d'aujourd'hui. *« Alain était tellement motivé par l'élection qu'il aurait pu accepter n'importe quoi… Il avait même proposé un plug anal, mais s'est rétracté au dernier moment »*, témoigne sa femme, Isabelle Juppé, en sortant de son restaurant fétiche.

L'idée d'un piercing naît rapidement dans l'équipe de communication, et Alain Juppé prend rendez-vous chez Karim, un ancien détenu reconverti dans les piercings et les tatouages à Bordeaux. *« Il ne m'a même pas payé*, déclare Karim. *Il m'a menacé de fermer mon établissement si je disais quoi que ce soit… En plus, j'ai dû lui donner mon plus bel anneau tête de mort en diamant. Mais bon, j'avoue que ça fait trop bien sur son torse. »*

Un piercing tête de mort

Une hausse immédiate de 13 % chez l'électorat jeune a été notée dans le dernier sondage Ipsos. Il y a parfois des choix audacieux qui s'avèrent rapidement payants, et Alain Juppé nous le montre une fois de plus, grâce à une stratégie de communication qui excelle en tous points. *« Il prépare maintenant un single et veut légaliser la ganja*, annonce son épouse. *Il ira jusqu'au bout. »*

MANUEL VALLS UTILISE LE 49.3 POUR MAINTENIR SA CANDIDATURE À L'ÉLECTION PRÉSIDENTIELLE

Évincé de la course à la présidentielle depuis ses défaites aux primaires de la gauche et à celles de la droite, Manuel Valls a décidé d'engager la responsabilité de son gouvernement en utilisant l'article 49.3 de la Constitution pour maintenir sa candidature. Ce nouveau passage en force laisse penser que Manuel Valls sera bien présent au premier tour de la présidentielle et confirme les doutes exprimés par les experts politiques qui craignent une addiction aiguë du Premier ministre au 49.3.

Contestant les résultats de la primaire, l'ensemble des candidats donnés perdants se maintient à l'élection présidentielle

Malaise au sein des principales organisations politiques. À quatre mois de la présidentielle, tous les candidats qui avaient été donnés perdants dans leurs primaires respectives contestent toujours leur défaite. Au point que la majorité d'entre eux ont décidé d'annoncer qu'ils maintiendront leur candidature jusqu'au premier tour.

À gauche, ce sont au total douze candidats qui ont fait leur retour dans la course à la présidence de la République, l'ensemble des responsables du PS ou des partis plus à gauche ayant été battus par une photo de Jean Jaurès. Une situation qui n'est pas du goût de Manuel Valls, seul candidat de gauche à avoir maintenu sa candidature le soir même, sans même vouloir consulter les résultats de la primaire de la gauche. À droite, ce sont plus de vingt candidats qui ont annoncé leur retour dans la compétition, dont la moitié n'avait pourtant même pas participé à la primaire de la droite. Un revirement qui porte à trente-trois le nombre de candidats à l'élection présidentielle pour la droite. Trente-quatre si l'on compte le retour de Nicolas Sarkozy, invoquant son joker d'ancien président pour se maintenir.

Devant le caractère exceptionnel du nombre de candidats prévus pour le

premier tour, le Conseil constitutionnel envisagerait une réforme de l'élection présidentielle pour passer sur une compétition en trois tours comprenant deux phases de poules et une dernière phase à élimination directe.

CONFIRMATION : UN INDIVIDU AURAIT BIEN FAIT QUELQUE CHOSE DE BIEN

Orléans – Une rumeur persistante court ces jours-ci dans la ville d'Orléans. Plusieurs habitants racontent qu'ils auraient vu il y a quelques jours quelqu'un faire quelque chose de bien. Les choses sont encore très floues et la police n'a pas souhaité dans l'immédiat ouvrir une enquête, mais les témoins restent sûrs d'eux. « *Je l'ai vu comme je vous vois, cette personne a fait quelque chose de bien* », raconte ainsi l'un d'eux.

Macron trahit son camp et rejoint les rangs du Parti socialiste

Emmanuel Macron a surpris tout son monde ce matin en annonçant, dans l'optique de la campagne présidentielle, son ralliement au Parti socialiste. Enquête.

Du côté de la droite, c'est le premier gros coup dur de cette campagne. *« Il avait pourtant tout pour réussir ce petit »*, commente Alain Madelin tandis qu'Éric Ciotti se contente de déplorer *« un immense gâchis »*. Quand on l'interroge sur les raisons d'un tel revirement, Emmanuel Macron ne cache pas que sa décision a été difficile à prendre : *« Ce n'est pas une décision prise sur un coup* *de tête, c'est le fruit d'une mûre réflexion et d'une profonde conviction »*, confie-t-il, une étrange mallette remplie de billets à la main.

« Il avait pourtant tout pour réussir, ce petit »

« J'ai été touché par la générosité de Manuel Valls, l'amour des pauvres de François Hollande ou encore le sens du sacrifice de Jérôme Cahuzac », explique-t-il. *« Au fond, j'ai toujours été socialiste dans l'âme »*, conclut l'ancien banquier d'affaires chez Rothschild et Cie en fumant un cigare cubain. *« Mon moteur, c'est l'altruisme, la générosité, le partage des actions »*, précise celui qui rappelle que son modèle, juste après Goldman Sachs, reste Jésus, même s'il admet préférer à la multiplication des pains celle des dividendes.

« Mon moteur, c'est l'altruisme »

Au sujet de son éventuelle candidature à l'élection présidentielle, Emmanuel Macron est resté très évasif : *« Je ne sais pas, je suis tenté mais je déteste que d'autres décident pour moi ce que je dois faire. Si j'étais le seul candidat, c'est sûr, j'irais ! »*

L'INDIVIDU QUI AVAIT FAIT QUELQUE CHOSE DE BIEN RÉCIDIVE

Orléans – Moins de quelques jours après son premier signalement, la personne qui avait fait quelque chose de bien serait repassée à l'acte dans la nuit de jeudi à vendredi. Cette fois, l'acte a pu être filmé. On y voit clairement quelqu'un en train de faire quelque chose de bien, délibérément. La police, très sollicitée, refuse de s'exprimer même si tout le monde craint que ce ne soit le début d'une longue série et d'une psychose en ville. *« Imaginez, vous sortez de chez vous et quelqu'un que vous croisez vous fait quelque chose de bien, vous n'êtes pas prêt »*, explique un anonyme.

Nicolas Sarkozy fait installer Jean-François Copé sur le toit de son QG de campagne pour servir de paratonnerre

Rien ne va plus entre le chef des Républicains et son ancienne âme damnée Jean-François Copé. Alors que ce dernier venait pourtant d'annoncer son retrait de la course à la présidentielle, Nicolas Sarkozy a obtenu hier des cadres du parti l'autorisation d'utiliser son rival comme paratonnerre pour son QG de campagne parisien.

La scène est étonnante. Jean-François Copé, en complet veston bleu marine, est dressé, immobile, contre un mât d'à peu près 2 mètres de haut, sur le toit du 117 rue Lamartine (IXe). *« Ça alors, oui c'est bien lui, je le reconnais à son front et son petit air satisfait »*, constate un riverain incrédule, jumelles en main.

« Il a fallu ruser un peu »

Dans son bureau, trois étages plus bas, Nicolas Sarkozy peut enfin souffler : l'immeuble est protégé de la foudre qui n'en finit pas de zébrer le ciel francilien depuis deux semaines, et s'abat systématiquement sur son QG de campagne, « *déjà quatre fois en huit jours* », peste une secrétaire qui chaque fois perd son travail non sauvegardé.

Le maire de Meaux ne s'est pas prêté de bonne grâce à cette reconversion qui doit durer jusqu'à la fin de la période de giboulées. « *Il a fallu ruser un peu* », reconnaît Laurent Wauquiez, qui s'est chargé de faire venir Copé rue Lamartine en prétextant une audience devant la CNCCFP[1]. « *Quand Nicolas m'a dit qu'il voulait utiliser Jean-François comme paratonnerre, j'ai cru qu'il voulait à nouveau s'en servir comme fusible dans une affaire. Après Bygmalion, c'était un peu fort de café. Mais pas du tout, il voulait réellement en faire un paratonnerre ! Rassuré, j'ai accepté de l'aider.* »

Pourquoi Copé ? « *L'amertume et l'ambition personnelle s'avèrent d'excellents conducteurs électriques,* explique doctement Nicolas Sarkozy. *Et Jean-François possède l'une et l'autre en très grandes quantités.* » Le candidat des Républicains ne voyait personne d'autre que son ancien adversaire pour supporter les décharges de 10 à 20 millions de volts. « *Lui seul est prêt à de tels extrêmes pour rester dans le paysage politique. J'ai totalement confiance en son abnégation.* »

Si aucun membre des Républicains n'a pour le moment osé commenter la décision de leur leader, en coulisses, ce qui est perçu par certains comme un énième fait du prince, passe mal.

Signe de l'implosion qui continue de guetter le parti, Nathalie Kosciusko-Morizet se serait notamment indignée en « off » du deux poids deux mesures qui régnerait encore au sein des Républicains. « *Je remarque simplement que quand j'ai voulu utiliser Xavier Darcos comme épouvantail dans ma propriété du Cotentin, on m'a envoyé sur les roses.* »

1. Commission nationale des comptes de campagne et des financements politiques.

JEAN-MARC MORANDINI AFFIRME AVOIR ÉTÉ LE PREMIER À RÉCUPÉRER L'HISTOIRE DE L'INDIVIDU QUI A FAIT QUELQUE CHOSE DE BIEN

Alors que l'engouement autour de l'individu qui a fait quelque chose de bien est de plus en plus important, Jean-Marc Morandini s'est félicité sur son site d'avoir été le premier à récupérer son histoire. L'animateur a tenu également à préciser qu'il ne comptait pas s'arrêter là et qu'il redoublerait de vigilance dans les prochains jours pour être le premier à relayer les fausses rumeurs et les calomnies sur son compte. Il s'est même dit prêt, en cas de besoin, à lancer la rumeur d'une *sextape*. Enfin, il s'est réjoui de l'avènement, sur la scène médiatique, de l'individu qui a fait quelque chose de bien, rappelant au passage : « *L'honnêteté et la bienveillance finissent toujours par triompher. La probité vaincra !* »

78 % des Français ont déjà une mauvaise opinion du futur président de la République

Les Français sont-ils justes lorsqu'il s'agit de juger leurs hommes politiques ? La question est posée après la publication d'un sondage révélant que, à deux mois du premier tour de la présidentielle, plus de trois Français sur quatre ont déjà une mauvaise opinion du futur président.

Le sondage, publié par le journal *Le Monde*, donne une cote de popularité de 22 % au futur président. Un choix surtout motivé par la question de l'emploi puisque la majorité reproche au futur président les futures hausses du chômage, l'insécurité et le fait que le président ne soit jamais joignable lorsqu'on téléphone au standard de l'Élysée. Le futur président peut quand même se consoler en constatant qu'il peut déjà jouir d'une meilleure popularité que l'actuel président qui flirte toujours avec la barre des 6 % d'opinions favorables. François Hollande a d'ailleurs sauté sur l'occasion pour attaquer la politique du futur président. *« On se demande où le pays va aller avec cet homme. J'attends avec impatience l'élection de 2022 pour qu'on puisse remettre de l'ordre »*, a-t-il déclaré lors d'un déplacement officiel au Parc Astérix.

Futures hausses du chômage

Le futur président peut donc s'attendre à une rentrée mouvementée. Le sondage révèle en effet que plus de la moitié des Français sont déjà opposés à sa prochaine réforme du lycée, certains allant même jusqu'à réclamer la démission du futur ministre de l'Éducation.

EMMANUEL MACRON « STREAME » ET « LIVE-TWEETE » SA VISITE D'UN ESPACE DE « COWORKING » POUR « START-UP » DE LA « FRENCH-TECH »

En français dans le texte ? L'inénarrable candidat socialiste n'a reculé devant aucun anglicisme pour affirmer sa modernité et l'ouverture de son programme au monde d'aujourd'hui, hier au cours de sa visite d'une pépinière d'entreprises lyonnaises. Dans une allocution dont il se raconte qu'elle a été relue et corrigée par Mia Frye, Emmanuel Macron a déployé une novlangue crypto-libérale luxuriante, expliquant par exemple à un auditoire décontenancé que l'économie française, *« encore trop mainstream »*, gagnerait à *« switcher »* pour un *« personal branding »* de ses avantages comparatifs sur la scène internationale. À l'issue d'un bain de foule interrompu par un *« call »*, l'ancien ministre s'est engagé à fournir *« asap »* aux participants les *« bullet points »* de sa *« préz' »*.

Le Front national accuse l'homme qui a fait quelque chose de bien de faire le jeu de la démocratie

Après Les Républicains et le Parti socialiste, c'est au tour du Front national de monter au créneau pour fustiger les propositions de l'homme qui a fait quelque chose de bien, propositions qui feraient, selon la présidente du parti, Marine Le Pen, le jeu de la démocratie.

« Si on va par là, pourquoi pas imaginer écouter le peuple pendant qu'on y est ? *Et après, quoi ? Des référendums, des assemblées citoyennes ? Chercher le bien commun ? »* C'est une Marine Le Pen en colère qui s'est attaquée aujourd'hui, lors d'un meeting à Valenciennes, au programme de l'homme qui a fait quelque chose de bien, lui reprochant notamment de faire fi des valeurs politiques françaises : *« On ne peut pas élire comme président n'importe qui, sous prétexte qu'il incarne toutes les valeurs qu'on défend corps et âme depuis toujours, qu'il est digne de confiance et qu'il redonne foi en l'avenir à tout un peuple, nous avons des traditions à respecter, quand même ! »* Elle a ensuite accusé le candidat qui a fait quelque chose de bien de chercher à diviser les Français et de stigmatiser le mal : *« Ce n'est pas en fustigeant le vice qu'on va aider les Français à vivre ensemble. »* Elle a également accusé les médias de faire le jeu de l'égalité en respectant un temps de parole équivalent pour chaque candidat et de diaboliser la haine et le racisme. Enfin, elle a rappelé que son objectif était *« d'aider l'ensemble des Français de souche, sans discrimination »*.

Des propos qui ont reçu, à la surprise générale, le soutien et l'approbation de François Hollande. Le chef de l'État a en effet déclaré : *« Marine Le Pen a raison.*

Il est important que les candidats à l'élection présidentielle soient issus d'un parti et d'un parti républicain, comme le FN ou le NPA par exemple. » Invité à commenter ces différentes réactions, Manuel Valls a quant à lui qualifié le candidat qui a fait quelque chose de bien de « *démagogue qui va supprimer le 49.3* ».

LA PERSONNE QUI AVAIT FAIT QUELQUE CHOSE DE BIEN RECONNAÎT LE FAIRE PARCE QUE ÇA LUI PLAÎT

Orléans – Coup de théâtre dans l'affaire de la personne qui avait fait quelque chose de bien. L'individu, interrogé par la police plusieurs heures, est ressorti libre de son audition. Le quidam avait été invité à s'expliquer sur les motivations de ses gestes, après avoir délibérément fait quelque chose de bien, à nouveau, en plein jour et devant plusieurs dizaines de personnes. Si la police estime n'avoir rien à lui reprocher, nombreux sont ceux qui souhaitent que ce genre d'agissements soit stoppé. « *Il y a clairement une psychose du bien dans les rues, on le sent, les gens sortent de plus en plus, tout le monde espère rencontrer la personne qui a fait quelque chose de bien pour qu'elle fasse de même avec eux* », explique un adjoint au maire. La mairie réfléchit à un possible couvre-feu après que d'autres individus se sont mis à faire quelque chose de bien. « *Si la situation devient incontrôlable et que tout le monde se met à faire quelque chose de bien, il faudra agir* », souligne-t-on du côté de la mairie.

Reconnu spécialité nationale, le djihadisme français bénéficie enfin de son label AOC

L'Institut national de l'origine et de la qualité (INAO), qui accompagne depuis 1935 les producteurs désireux de s'engager dans des démarches de qualité, a enregistré hier une belle victoire : les djihadistes français, déjà considérés dans le milieu hautement compétitif du terrorisme international comme les aristocrates de la profession, vont enfin bénéficier du label AOC (appellation d'origine contrôlée) – et de la reconnaissance qui en découle.

Un avantage comparatif français

Avec actuellement plus de deux mille ressortissants participant activement aux filières irako-syriennes, la France caracole insolemment en tête des premiers fournisseurs de djihadistes depuis 2014. *« Un djihadiste européen sur quatre est français, c'est considérable »*, explique Omar al-Francisi, représentant de l'EI dans l'Hexagone et ardent défenseur du djihadisme tricolore. *« Un véritable avantage comparatif ricardien sur lequel notre pays n'ose pas encore capitaliser, par frilosité ou fausse modestie. »* En effet, alors que le nombre d'attentats a bondi de 600 % en quinze ans, le terrorisme apparaît clairement comme l'un des secteurs les plus porteurs et les plus innovants de la décennie. *« Comme à leur habitude, les pouvoirs publics ont tardé à réagir, alors que des pays alliés de la France, comme l'Arabie saoudite ou le Pakistan, mènent en sous-main depuis des années une politique de financement, de protection et de valorisation de leur filière terroriste. »*

Sans la protection du label AOC, le risque, pour Ahmed Boukbil, était grand de voir cette spécialité française dévoyée, galvaudée par les pâles copies belges, allemandes et espagnoles qui inondent actuellement le marché.

Terroirs et contrôles de qualité

L'INAO s'est donc enfin décidé à agir. Mais que signifie concrètement l'attribution de ce label si prisé ? Son directeur, Jean-Luc Dairien, a accepté de lever un coin du voile. *« À l'issue de nombreuses discussions, il a été décidé que la radicalisation et le terrorisme islamiste français étaient, bon gré mal gré, un symbole de la France. Essentiellement de ses problèmes, ses paradoxes et ses névroses, mais un symbole néanmoins* verront soumises à des inspections et des contrôles de qualité surprises. Les djihadistes français titulaires de la carte AOC se verront quant à eux verser une allocation dont le montant reste à déterminer et bénéficieront de 15 % de réduction dans les transports en commun. Dans son bureau de Montreuil-sous-Bois, loin

qu'il est de notre devoir de valoriser et de protéger contre les méfaits d'une mondialisation galopante. » Dès le 1er janvier 2018, les filières les plus reconnues (Île-de-France, PACA et Normandie) se verront attribuer le statut de « terroir » et se de se reposer sur des lauriers pourtant acquis de haute lutte, Jean-Luc Dairien pense déjà à la prochaine étape : l'obtention de l'appellation d'origine protégée (AOP), transposition au niveau européen de l'AOC.

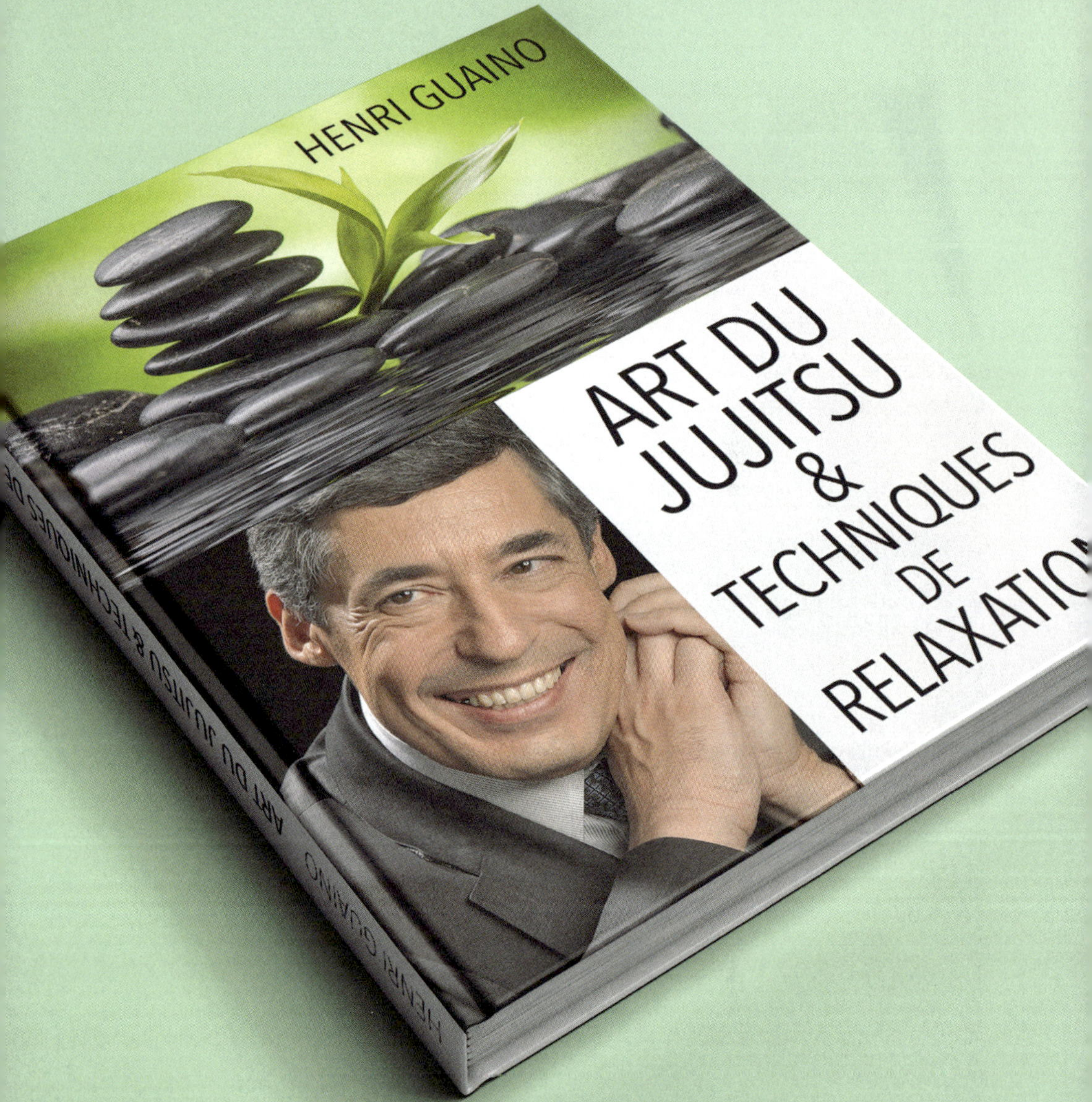

LE NOUVEAU LIVRE
D'HENRI GUAINO

HOROSCOPE 2017
Verseaux

Une année où le ridicule le disputera au médiocre. Le bilan sera tout de même plus positif que l'année dernière où vous aviez enchaîné les bourdes en public (tout le monde se souvient de la fois où vous aviez chanté « Je te survivrai » à un enterrement).

AMOUR

Vous aurez une relation courte mais intense avec un moniteur d'auto-école classique. Voici le récit de sa vie : *« Depuis tout petit, mon truc c'est les bagnoles (et le FN). À 16 ans, j'ai fait la conduite accompagnée. J'adore faire de la voiture (et voter FN). »* Il vous emmènera *fluncher* deux ou trois fois, puis tentera d'*« aller plus loin »*, dans sa voiture évidemment. Vous vous enfuirez en courant sur l'autoroute A5.

TRAVAIL

Vous prendrez la décision de devenir catcheur professionnel, car la France manque cruellement de bons lutteurs bodybuildés au corps ruisselant d'huile. Pour gagner du muscle, vous devrez manger un quintal de nuggets par mois et *« aller à la muscu »*. On vous appellera *« le bagarreur des Yvelines »* et vous porterez une salopette et un T-shirt Auchan.

SANTÉ

Vous achèterez un vélo d'appartement pour *« faire comme au Télé-Shopping »*. Au bout de deux semaines, vous le mettrez sur Le Bon Coin, et le vendrez à Josiane Balasko. Elle insistera pour l'essayer avant de l'acheter, et pour avoir un *« petit truc à fumer »*. Elle ne s'en ira pas de chez vous, et vous devrez appeler des amis pour la déloger de votre salle à manger.

Le Gorafi
www.legorafi.fr
FÉVRIER 2017

Emmanuel Macron renonce à la présidentielle, car il ne veut pas « s'abaisser à être élu par le peuple »… p. 28

Présidentielle : les coupes de cheveux autorisées seront la « raie sur le côté » et la calvitie… p. 36

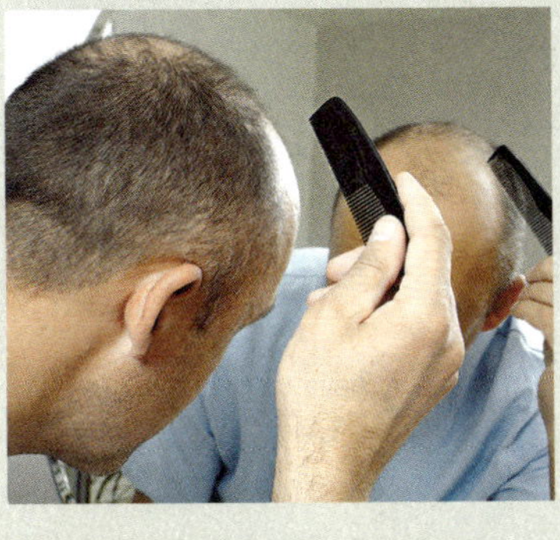

François Bayrou se présente sans programme pour éviter d'être catalogué trop à gauche ou trop à droite … p. 29

Nicolas Sarkozy affirme, lui, avoir fait un jour « quelque chose de très, très bien »… p. 38

François Hollande affirme que faire quelque chose de bien est « plutôt de gauche »… p. 42

POISSONS… p. 47

Emmanuel Macron renonce à la présidentielle, car il ne veut pas « s'abaisser à être élu par le peuple »

Cette fois, c'est officiel : malgré des sondages plutôt favorables, Emmanuel Macron a annoncé qu'il renonçait définitivement à la présidentielle pour ne pas avoir à subir l'affront d'être élu par le peuple.

« Exercer un mandat présidentiel, pourquoi pas ? Mais pas à n'importe quel prix ! *J'ai ma dignité et je préfère avoir moins de pouvoir que ma conscience salie en m'abaissant à être élu par le peuple »*, a déclaré l'intéressé avant de se tourner vers son miroir et de déclamer quelques vers de *Cyrano*, soufflés par un de ses conseillers :

« Je ne sortirais pas avec,
par négligence,
Un affront pas très bien lavé,
la conscience
Jaune encore de sommeil
dans le coin de son œil
Un honneur chiffonné,
des scrupules en deuil »

« Être élu grâce aux voix de beaufs, passe encore, mais ne devoir sa place qu'au vote de gens qui gagnent moins de 10 K par mois, je ne peux m'y résoudre », a ensuite confié la coqueluche de ces dames. Pour autant, Emmanuel Macron réfute les accusations de mépris et assure vouloir *« le bonheur de tous les Français riches, sans exception »*. Le ministre a changé. Pour preuve, il avoue *« regretter »* le terme *« illettrés »* qu'il avait employé à l'époque pour qualifier les employés de l'abattoir Gad : *« Si c'était à refaire aujourd'hui, je n'emploierais plus ce terme. Je me rends bien compte que ces pauvres gens ne le comprennent même pas »*, a-t-il conclu.

François Bayrou se présente sans programme pour éviter d'être catalogué trop à gauche ou trop à droite

François Bayrou fait le pari risqué du « ni gauche, ni droite ». Le candidat du parti centriste vient d'annoncer que sa candidature à l'élection présidentielle ne serait accompagnée d'aucun programme électoral pour éviter toute étiquette politique.

Dans le but de brouiller les pistes, François Bayrou cherche surtout à se distinguer des voisins encombrants que sont le Parti socialiste et Les Républicains, tous au plus bas dans les sondages. Une décision plutôt judicieuse, puisque les sondages montrent que le candidat centriste a fait un bond de 8 % dans l'heure qui suivait l'annonce de l'abandon de son programme électoral. François Bayrou devrait donc proposer des recettes de cuisine en guise de clip de campagne et préparerait une profession de foi composée de photos de chatons. Et pas de débat non plus, puisque François Bayrou a d'ores et déjà annoncé qu'il se boucherait les oreilles en chantant du disco en cas de débat télévisé.

Le Canard enchaîné révèle que le Français qui avait fait quelque chose de bien aurait fait aussi quelque chose de mal

Coup de tonnerre dans la course à la présidentielle. Dans son édition de ce matin, le journal satirique révèle que celui qui avait fait quelque chose de bien et qui caracole en tête dans les sondages aurait fait aussi quelque chose de mal. À quelques jours du premier tour, cette révélation pourrait bien tuer dans l'œuf ses ambitions politiques.

Selon l'hebdomadaire, l'affaire remonterait à plusieurs mois, à l'époque où l'individu qui a fait quelque chose de bien était encore un anonyme. Les sources citées par le journal sont très précises sur le lieu et les témoins. *« Au moins trois personnes présentes ce jour-là peuvent confirmer qu'il a fait quelque chose de mal »*, affirme le journaliste. D'après lui, la chose ne serait pas gravissime mais suffisamment pour ternir l'image véhiculée par les médias depuis plusieurs mois.

Pas gravissime

Toujours selon le journal, les événements se seraient produits à diverses reprises. *« Je pense que la personne qui avait fait quelque chose de bien devrait s'expliquer, car peut-être a-t-elle fait des choses moins bien »*, insiste le journaliste. Interrogé par Jean-Jacques Bourdin, Nicolas Sarkozy a affirmé que l'individu avait menti aux Français : *« Cette personne qui prétendait avoir fait quelque chose de bien doit venir devant les Français et s'excuser pour ces choses moins bien. »*

Ternir l'image véhiculée par les médias

Dans l'entourage du Français qui avait fait quelque chose de bien, on a tenté de réagir en publiant un communiqué de presse : *« Le Français qui avait fait quelque*

chose de bien reconnaît les accusations portées contre lui : "Oui, à deux reprises au cours de mon existence, j'ai fait quelque chose de mal, et je souhaite aujourd'hui présenter mes excuses à celles et ceux qui avaient cru et croient encore en moi." »

TEDDY RINER REMPORTE LE CÉSAR DU MEILLEUR ACTEUR

Paris – Surprise lors de la cérémonie de remise des césars du cinéma. Le judoka Teddy Riner a remporté le césar du meilleur acteur dans un long métrage. Bien que n'apparaissant dans aucun film en compétition cette année, le sportif a été récompensé cependant pour « *son charisme, sa présence et son jeu hors norme* » lors des derniers Jeux olympiques de Rio en 2016. « *Dès qu'il apparaissait à l'écran, j'en avais la chair de poule. Malgré mes années de comédies, jamais je ne pourrai faire ressentir cela à l'écran* », a confessé Guillaume Canet, totalement emplâtré après que Teddy Riner, pour le remercier du trophée, s'est exercé sur lui en direct sur la scène du théâtre du Châtelet.

François Hollande: « Si je suis élu, je continuerai mon combat sans merci contre la finance »

Alors que sa cote de popularité vient d'atteindre pour la première fois un score négatif, François Hollande a tenu à réaffirmer, au cours d'un meeting donné dans son salon, qu'il ne comptait pas s'arrêter là dans sa lutte acharnée contre la finance.

C'est le regard froid et le verbe haut que François Hollande, après avoir poussé les tables du salon pour faire plus de place à la dizaine d'invités venue l'écouter, a commencé son allocution.

Une dizaine d'invités

Après avoir pris quelques secondes pour rappeler toutes les grandes réformes qu'il a entreprises, le candidat à la présidentielle est passé à l'offensive en déclarant : *«Je continuerai mon combat sans merci contre la finance»*, avant d'énumérer toute une série de mesures concrètes qu'il n'hésiterait pas à mettre en œuvre s'il était élu, comme *«faire les gros yeux»*, *«se fâcher tout rouge»* ou encore *«apprendre par cœur la liste des personnes citées dans les Panama Papers»*.

L'ancien premier secrétaire du Parti socialiste s'est ensuite lancé dans une longue tirade contre la finance qu'il a qualifiée sans détour de *« pas très très gentille »* et même de *« vilaine parfois »*, promettant à tous ceux qui ne respecteraient pas les règles des *« sanctions exemplaires »* comme *« leur tirer les oreilles »* ou *« les obliger à dire qu'ils ont mal agi »*.

Est-ce un simple hasard ou le premier effet du discours de François Hollande ?

Toujours est-il que la plupart des places boursières ont clôturé la journée en baisse de 0,1 %, ce que n'a pas manqué de noter l'entourage de l'ancien maire de Tulle qui voit déjà dans cette annonce *« un signe »* et même la première étape vers son rêve de toujours : *« devenir un jour président de la République »*.

DÈS L'ANNONCE DE LA CANDIDATURE DE FRANÇOIS HOLLANDE, VALÉRIE TRIERWEILER TWEETE : « FRANÇOIS HOLLANDE A UNE TOUTE PETITE BITE. »

Valérie Trierweiler n'aura pas attendu longtemps pour refaire parler d'elle sur Twitter. À peine la candidature de François Hollande officialisée, elle s'est fendue d'un Tweet vengeur et provocateur qui n'a pas manqué de faire réagir la classe politique, la réaction la plus virulente étant sans doute celle de Ségolène Royal qui a précisé que la quéquette du chef de l'État était, certes, petite, mais que ce n'était *« rien comparé à celle d'Olivier Falorni »*.

Cinq astuces pour faire remarquer aux autres que vous faites quelque chose de bien

1. Ne faites jamais quelque chose de bien quand vous êtes seul

C'est la règle d'or. Faire quelque chose de bien n'a aucune valeur si personne n'est là pour le rapporter. En revanche, n'hésitez pas à profiter de l'absence de témoins pour vous laisser aller aux actions les plus basses et réaliser vos fantasmes les plus vils. Mais, dès que le maximum de monde est présent, sautez sur l'occasion pour leur montrer à quel point vous êtes supérieur à eux.

2. Agissez lentement

C'est le meilleur moyen pour que tous les badauds et les personnes inattentives se rendent compte peu à peu de ce que vous êtes en train de faire. Si vous donnez l'aumône à un mendiant dans le métro par exemple et que vous voulez passer pour généreux aux yeux de tous sans exception, prenez bien le temps de déplier votre billet (il faut toujours donner un billet, ça fait beaucoup plus généreux. Mais de 5 euros, quand même, faut pas déconner non plus !) et n'oubliez pas de le plier préalablement en vingt-quatre dans votre poche.

3. Parlez très fort pour bien vous faire remarquer

Si le mendiant en question vous remercie, hurlez : *« De RIEN, c'est tout naturel ! »* en tournant la tête de droite et de gauche pour que le son porte uniformément sur tous les côtés.

4. Racontez votre histoire

Une fois que vous avez dit *« De rien »*, n'en restez surtout pas là. Vous avez enfin su capter l'attention de votre auditoire, il s'agit maintenant de ne plus le lâcher. Ajoutez, toujours en hurlant : *« Je suis désolé, d'habitude je donne minimum 20 euros mais là j'ai plus rien sur moi »*, puis, sans donner toutefois vos coordonnées, racontez plusieurs choses sur vous qui permettront à tous ceux qui étaient présents de vous identifier si jamais ils vous recroisent ou s'ils entendent de nouveau parler de vous.

5. Ne regardez personne jusqu'à ce que vous partiez

C'est le stade ultime du bien, à la fois le plus marquant mais également le plus subtil, celui à côté duquel passent la plupart des gens. Car il ne faut pas seulement faire croire à votre générosité, il s'agit également de faire croire jusqu'au bout que celle-ci est humble et complètement désintéressée. Pour cela, quoi de mieux que d'adopter ensuite une attitude un peu gênée et de ne chercher du regard aucune approbation ni aucun regard bienveillant ? Et puis, c'est tellement plus agréable de garder pour soi toute la gloire en ne la partageant avec absolument personne d'autre !

PATRICK BALKANY : « FAIRE QUELQUE CHOSE DE BIEN EN POLITIQUE, C'EST DE LA PROVOCATION »

Patrick Balkany a réagi de façon virulente à la candidature de l'homme qui a fait quelque chose de bien, n'hésitant pas à qualifier son action de *« provocation »* et l'accusant également de rouler pour le *« politiquement correct »*. *« Vouloir rendre les gens heureux, c'est de la démagogie. Le vrai bonheur est dans la manigance »*, a-t-il ensuite ajouté avant de conclure : *« Pourquoi pas devenir maire de Levallois et prôner la justice sociale tant qu'on y est ? »*

Présidentielle : les coupes de cheveux autorisées seront la « raie sur le côté » et la calvitie

Cette année encore, les conditions pour être candidat à la présidence de la République seront strictes. En plus des cinq cents signatures obligatoires, il faudra que les candidats présentent une coupe de cheveux « décente » : la raie sur le côté ou la calvitie « bien entamée ou non ».

Selon André Rouget, politologue et historien, *« la décision de régler une bonne fois pour toutes la question capillaire des candidats était capitale. Depuis les débuts de la Ve République, tous les candidats qui gagnent l'élection présentent un profil similaire : un homme blanc d'âge avancé, présentant une raie sur le côté ou une belle calvitie. Il était temps de formuler tout cela par écrit et d'en faire une obligation ».*

Un homme blanc d'âge avancé

Chez les coiffeurs du VIIe arrondissement de Paris, c'est l'effervescence. Chacun essaie d'attirer les candidats dans son salon en promettant *« des raies sur le côté façon années 1930 »* ou *« une calvitie pour être enfin pris au sérieux ».* Christopher Guilbaut est coiffeur pour le PS depuis 1980. *« La calvitie de Fabius, c'est de moi !* affirme-t-il en bombant son torse d'oiseau. *Hollande aussi est passé chez nous, et on l'a pas loupé : il se dégarnissait déjà un peu, mais on a accéléré le processus grâce à notre talent et toute notre expérience de calvicieur. »*

Être enfin pris au sérieux

Des produits accélérant la chute de cheveux seraient achetés sous le manteau à des revendeurs à la sauvette, à côté de la station de métro Château-d'Eau. En effet, les candidats au cheveu récalcitrant (qui rend impossible toute raie sur le côté) n'ont pas d'autre solution que de provoquer eux-mêmes leur calvitie. Benoît Hamon a d'ores et déjà demandé l'ouverture d'une enquête pour savoir si les calvities des candidats sont d'origine naturelle ou si elles ont été provoquées illégalement. Affaire à suivre.

L'UNION DE TOUS LES PARTIS CONTRE LE CANDIDAT QUI A FAIT QUELQUE CHOSE DE BIEN ÉCHOUE AU BOUT DE QUATRE SECONDES

Plus de vingt dirigeants représentant les six principaux partis traditionnels étaient réunis ce mercredi pour faire face à la menace qui pèse sur eux depuis l'annonce de la candidature de l'homme qui a fait quelque chose de bien à l'élection présidentielle. Comme l'avaient annoncé les experts, la tentative d'une union nationale pour faire front ensemble face à leur adversaire a été abandonnée après quatre secondes d'existence. Devant l'impasse, la réunion aurait même accouché de six nouvelles candidatures à l'élection présidentielle.

Nicolas Sarkozy affirme, lui, avoir fait un jour « quelque chose de très, très bien »

Nouveau rebondissement dans l'affaire de la personne qui aurait fait quelque chose de bien. Interrogé sur le sujet par *Le Parisien*, Nicolas Sarkozy a affirmé avoir accompli, quant à lui, quelque chose de *« très, très bien »*.

Nicolas Sarkozy aurait, selon toute vraisemblance, il y a de cela quelques jours, ramassé un portefeuille par terre avant de le restituer à son propriétaire. Selon ses propres dires, le président des Républicains aurait d'abord pris connaissance de l'adresse du propriétaire. Puis, aussitôt après avoir demandé à un ami journaliste de filmer la scène, il aurait, devant les caméras, un drapeau français à la main et une réplique du képi du général de Gaulle sur la tête, remis l'objet entre les mains de son propriétaire *« en toute simplicité »*.

Avant de poster la vidéo sur YouTube dans quelques jours et d'en informer les citoyens français sur son compte Twitter, l'ex-président a tenu à minimiser son geste. *« Vous savez, ce n'est vraiment pas grand-chose. N'importe qui à part Alain Juppé aurait fait pareil »*, a-t-il précisé avant d'ajouter : *« Ce n'est même vraiment rien du tout au regard de toutes les grandes choses que j'ai déjà faites et que je continuerai à faire pour la France. »*

Nicolas Sarkozy a ensuite tenu à faire savoir que son indéfectible générosité ne l'empêcherait nullement de rester concentré sur la campagne : *« Mon objectif numéro 1, c'est vraiment de rendre tous les Français heureux, à l'exception bien sûr des pauvres. »* De son côté, François Hollande rechercherait toujours activement un témoin qui l'aurait vu faire quelque chose de bien.

SÉGOLÈNE ROYAL ACCUSE L'HOMME QUI A FAIT QUELQUE CHOSE DE BIEN DE FAIRE PREUVE D'« OPPORTUNITUDE »

Dans une interview accordée au *Parisien* ce matin, Ségolène Royal a qualifié *« d'opportunitude »* l'annonce de la candidature de l'individu qui a fait quelque chose de bien : *« C'est l'attitude d'un homme calculatif et carriérieur, à la limite du démagogisme »*, a-t-elle ensuite ajouté. Puis cette dernière a tenu à préciser que, si elle était présidente, elle n'hésiterait pas à créer un débat participatif afin de déterminer si oui ou non la candidature de l'individu qui a fait quelque chose de bien est une bonne chose.

Jean-François Copé appelle les Français à « ne pas céder à la dictature du bien »

Après l'emballement médiatique autour de l'homme qui a fait quelque chose de bien et le relatif bon accueil que lui avaient réservé les politiques, les critiques n'ont pas tardé à pleuvoir depuis l'annonce de sa candidature. Jean-François Copé a été l'un des premiers à dégainer en invitant les Français à *« ne pas céder à la dictature du bien »*, mais il a très vite été suivi par l'ensemble de la classe politique.

C'est un Jean-François Copé très remonté qui a invité les Français, lors d'un meeting à Dijon, à *« ne pas céder à la dictature du bien »*. Le maire de Meaux s'est ensuite livré à un émouvant plaidoyer pour le respect des traditions en politique, notamment *« les fausses factures, les électeurs fantômes, les HLM de la Ville de Paris, les emplois fictifs et Paul Bismuth »*. Il s'est également dit *«profondément choqué »* que l'homme qui a fait quelque chose de bien *« cherche à récupérer l'élection présidentielle à des fins éthiques »*. Enfin, devant une foule en délire, il a prédit que vouloir le bien risquait d'avoir *« de graves conséquences sur le vivre-ensemble »*. Dans la foulée, de nombreuses personnalités politiques y sont allées de leur critique, Robert Ménard accusant les électeurs du bien de communautarisme et François Hollande lui reprochant de chercher à *« stigmatiser l'action politique »*. Arlette Laguiller s'est, quant à elle, fendue d'un laconique : *« L'homme qui a fait quelque chose de bien vous ment et vous spolie ! »* Jean-Luc Mélenchon a regretté de son côté que la présence d'un nouveau candidat réduise encore le temps d'insultes accordé au Parti de gauche. Enfin, Valéry Giscard d'Estaing a tenu à rappeler que l'homme qui a fait quelque chose de bien n'avait pas *« le monopole de l'hypocrisie »*. Ce flot de critiques a déclenché un tollé sur la Toile, mais également une grande vague de soutien. Léa Seydoux a été la plus prompte à répondre en tweetant juste après le

meeting de Jean-François Copé : *« Je crois que l'homme qui a fait quelque chose de bien aimerait beaucoup me rencontrer. »* De nombreuses personnes affirmant avoir été témoins de la scène au cours de laquelle l'homme en question avait fait quelque chose de bien continuent à soutenir des versions totalement contradictoires, certaines d'entre elles allant même jusqu'à affirmer que l'individu serait en réalité une chèvre échappée des Pyrénées.

CHRISTINE BOUTIN : « L'HOMME QUI A QUELQUE CHOSE DE BIEN ? AH, AH ! TROP DRÔLE LE GORAFI, MAIS CETTE FOIS, VOUS NE M'AUREZ PAS ! »

Christine Boutin a elle aussi réagi sur Twitter à la renommée croissante de l'individu qui aurait fait quelque chose de bien. Après avoir envoyé un premier Tweet dans lequel elle soupçonnait Le Gorafi d'être à l'origine de la rumeur, elle a ensuite récidivé en tweetant : *« On ne l'a pas comme ça la Christine ! #vieux singe #grimace #trop gros #jevousaivusvenir #vigilante. »*

François Hollande affirme que faire quelque chose de bien est « plutôt de gauche »

Pour contrer la montée de l'homme qui a fait quelque chose de bien dans les sondages, François Hollande a décidé de prendre les devants en rappelant, lors de son meeting à Égletons (19) que *« faire quelque chose de bien est plutôt de gauche »*. Récit.

« On me dit : "Oh, là, là ! C'est bien ce que fait l'homme qui a fait quelque chose de bien" », a commencé le chef de l'État avant d'ajouter : *« Mais faire quelque chose de bien, c'est plutôt de gauche, c'est même complètement de gauche ! »* Plus tard, au cours de son allocution, le président est revenu quelque peu sur ses propos liminaires : *« Attention, il ne faut pas être trop à gauche non plus, car l'extrême gauche et les frondeurs, c'est pas bien, c'est même mal ! »* Dans un deuxième temps, l'ex-premier secrétaire du PS a précisé sa pensée : *« Le PS à tendance sociale-démocrate, ça c'est bien. L'Europe, par exemple, fait beaucoup de choses bien, en particulier grâce à Jean-Claude Juncker, même si elle doit également beaucoup à tout le travail préalable de José Manuel Barroso. »* Puis le président-candidat d'ajouter : *« Les banques, aussi, font beaucoup de choses bien, toutes les banques, mais pas la finance. »*

Enfin, à la fin de son discours, François Hollande a rappelé l'importance du vote en démocratie : *« Si vous voulez voir le bien triompher, pensez d'abord à voter à gauche et, vous verrez, tout s'arrangera. »* Puis, pour préciser ce qui est de gauche exactement, le président a eu cette phrase historique : *« Quelque chose de gauche, c'est tout ce qui, si la droite le faisait, ne serait vraiment pas bien. »*

MERCI PATRON ! OBTIENT LE CÉSAR DU MEILLEUR DOCUMENTAIRE QUI A BIEN FOUTU LA MERDE

Dans la catégorie « Meilleur documentaire qui a bien foutu la merde », l'Académie des arts et techniques du cinéma a récompensé François Ruffin, pour son film *Merci patron !*. Le réalisateur s'est fendu d'un long discours engagé sur la scène du théâtre du Châtelet pour s'excuser une nouvelle fois d'avoir involontairement lancé le mouvement Nuit debout. François Ruffin en a aussi profité pour annoncer avoir vendu les droits de son film à Hollywood. Plusieurs sites américains annoncent déjà la participation d'un requin de plus de quatre mètres de long pour reprendre le rôle de Bernard Arnault tandis que le doublage sera assuré par Eddie Murphy.

Débats : les candidats ne pourront plus inventer de chiffres pour avoir raison

C'est un coup dur pour les candidats à la présidentielle. Depuis ce matin, le Conseil supérieur de l'audiovisuel (CSA) a annoncé que les candidats n'auront plus la possibilité d'inventer des chiffres pour avoir raison. Et, dans les sièges de tous les partis politiques, c'est la panique.

Les débats télévisés sont souvent une épreuve, un duel, qui attire beaucoup de Français devant leur écran, particulièrement avant la présidentielle. *« Cette nouvelle, c'est un coup de massue ! On va devoir vérifier ce qu'on raconte, ce sera pénible d'aller sur Wikipédia... »* confie Valérie Debord, un des quatre porte-parole des Républicains. *« Il paraît même que Copé n'ose plus sortir de chez lui »*, affirme un proche du maire de Meaux.

« Cette nouvelle, c'est un coup de massue »

« Avant, c'était cool, on écrivait quelques chiffres sur une feuille et on les balançait en gueulant... Comment avoir raison maintenant ? » s'interroge Razzy Hammadi, porte-parole du PS, en se rongeant les ongles.

L'audace n'aura plus sa place

C'est une décision que regrette aussi Yves Calvi, le célèbre journaliste qui aime animer des débats politiques. Pour lui, *« inventer des chiffres, ça faisait partie du sport, il fallait de l'audace ! Dire que telle décision a fait perdre des millions d'euros à la France ou qu'il y a des armées d'étrangers prêtes à débarquer à tout moment sur le sol français, ce sont des grands classiques. Celui qui ne le faisait pas se faisait bizuter par les politiques à l'Assemblée : ils le forçaient à boire du Schweppes et à répéter l'alphabet en rotant, ce genre de choses... »* Cette époque est désormais

terminée : les discours et les déclarations devront être vérifiés, et gare à ceux qui ne respecteraient pas cette règle : ils risquent d'être condamnés à des peines pouvant aller jusqu'à huit ans de réclusion dans les geôles secrètes du CSA.

NOUVELLE POLÉMIQUE RACIALE À HOLLYWOOD : LE PREMIER « OSCAR DU MEILLEUR ACTEUR NOIR » DÉCERNÉ À MATT DAMON

Le cinéma américain est à nouveau taxé de racisme après que l'« oscar du meilleur acteur noir », catégorie nouvellement et spécialement créée pour tordre le cou à ces accusations, a été décerné hier soir à Matt Damon, acteur blanc né dans le Massachusetts. Récompensé pour son rôle de shérif ambigu dans un film sur les émeutes raciales de 1967 à Detroit, Matt Damon, visiblement gêné, est monté sur scène récupérer sa statuette, déclarant timidement *« Hem… this is for my brothers, keep up the fight… »* avant de s'éclipser pour le reste de la soirée.

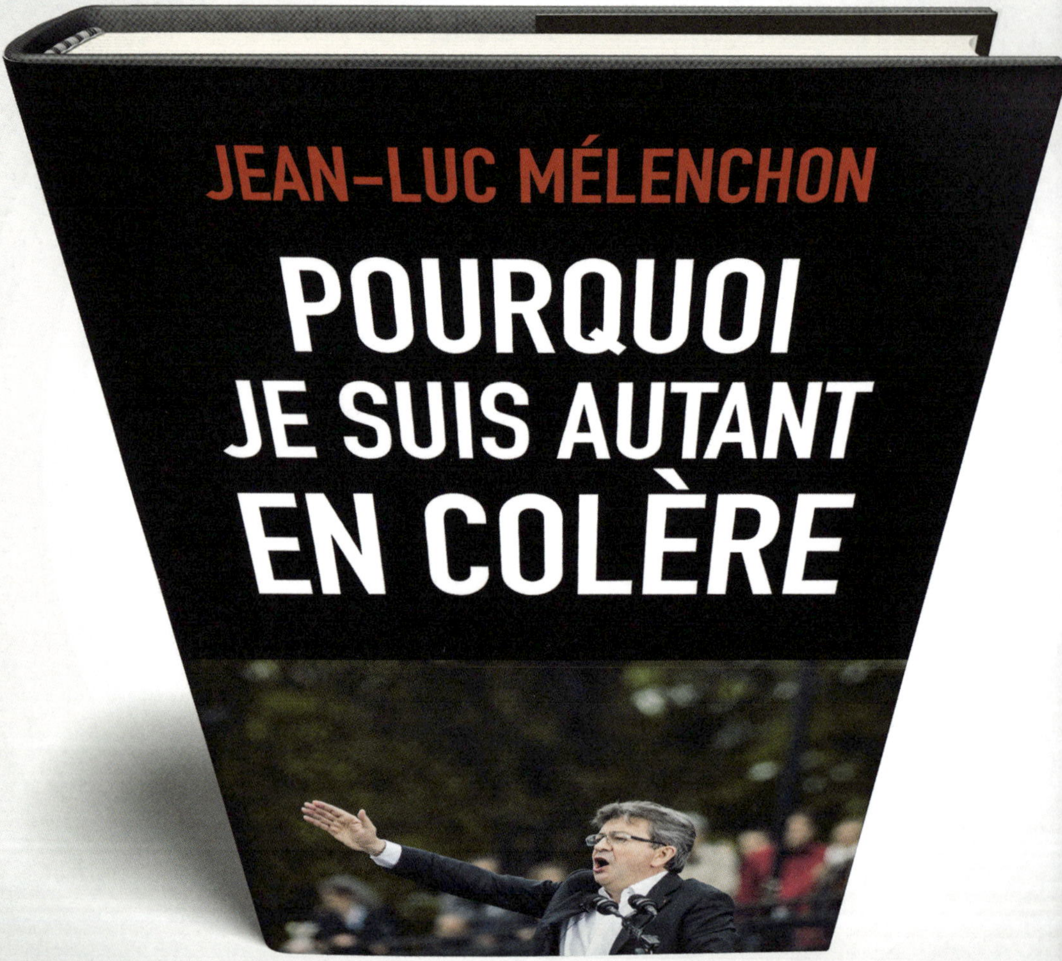

UN LIVRE ÉCRIT ENTIÈREMENT

EN MAJUSCULES

HOROSCOPE 2017

Poissons

Une année où de nombreux petits échecs s'accumuleront pour constituer à la fin un échec gigantesque. Un peu comme si tous les Indiens (ils sont 1,3 milliard à l'heure qu'il est) se mettaient tout nus, et s'assemblaient entre eux pour former une boule énorme qui atteindrait les 100 kilomètres de haut et qui roulerait, roulerait, roulerait en parcourant toute l'Inde, pour rendre hommage à Ganesh par exemple.

AMOUR

Vous essaierez de relancer tout votre répertoire téléphonique dans l'espoir de décrocher un rendez-vous. Vous finirez par envoyer des SMS sur un numéro surtaxé où des *« célibataires de ta région »* vous enverront plein de messages *« très chauds »*. Vous penserez alors à des choses que la morale réprouve, sans savoir que tous ces SMS étaient envoyés par Fabienne, 66 ans, routière à la retraite. Vous finirez quand même par vous voir, et vous lui ferez un enfant qui s'appellera Kevin.

TRAVAIL

Vous serez le nouveau garde du corps de Bernard-Henri Lévy. Vous veillerez sur son corps flasque de godelureau va-t-en-guerre et garderez toujours un œil sur la blancheur immaculée de sa chemise. Vous mènerez la grande vie, mais, malheureusement, vous vous ferez renvoyer pour ne pas avoir su déjouer une nouvelle attaque du Gloupier. Le philosophe entarté et furibard vous en voudra beaucoup.

SANTÉ

Faites attention à votre alimentation. Vos petites habitudes gourmandes (comme lécher du beurre après chaque repas, ou boire du Nutella) vous coûteront cher. Vous devrez même sûrement vous faire remplacer certains organes bouchés par ceux d'un porc qui n'avait rien demandé. À ce propos, Babe, le célèbre cochon du cinéma, est mort comme ça. À cause d'un égoïste comme vous.

Le Gorafi

www.legorafi.fr

MARS 2017

Le PS accuse Les Républicains de copier son absence de programme... p. 52

Première rencontre entre Marine Le Pen et Donald Trump lors d'une chasse aux migrants en Hongrie... p. 62

Pour 23 % des Français, le char à voile reste une menace pour la laïcité... p. 53

Faute de moyens, les tracts de Force ouvrière seront désormais rédigés à la main... p. 54

Des intentions de vote pour François Hollande retrouvées ligotées, les pieds coulés dans du béton sur une plage près de Marseille... p. 60

BÉLIER... p. 69

Plusieurs meetings du Parti socialiste annulés faute de militants

Nouvelle tuile au Parti socialiste. La direction du parti a été obligée d'annuler plusieurs meetings après avoir constaté que le nombre de candidats à la présidentielle dépassait celui du nombre de militants.

Les temps sont durs pour les socialistes qui n'arrivent plus à remplir leurs salles de meeting. Pourtant les signes avant-coureurs ne manquaient pas, puisque, après avoir tenu un meeting au Point Virgule à Paris devant une salle à moitié pleine la semaine dernière, seul Jean-Christophe Cambadélis était présent pour écouter Manuel Valls qui s'exprimait mardi dans l'Allier.

Laisser le public toucher le torse d'Emmanuel Macron

Les cadres socialistes ont tenu un conseil extraordinaire pour tenter de trouver des solutions et de faire revenir les militants sur les événements organisés par le parti. Un conseil qui a failli être annulé au dernier moment faute de cadre socialiste. Outre la possibilité d'organiser un vin d'honneur, ou celle de laisser le public pouvoir toucher le torse d'Emmanuel Macron, l'idée de retenir les derniers militants contre leur gré dans le sous-sol de la rue de Solférino est celle qui est revenue le plus fréquemment dans les discussions. Mais c'est finalement la présence d'un clown faisant des numéros avec des ballons gonflables qui aurait été retenue.

SONDAGE : JACQUES CHEMINADE CRÉDITÉ DE 0,4 % DES INTENTIONS DE VOTE AUPRÈS DE SES SYMPATHISANTS

Sur un panel représentatif de mille personnes ayant une opinion favorable ou très favorable de Jacques Cheminade, ils ne sont donc pas moins de quatre à imaginer voter pour le président de Solidarité et progrès au premier tour de la présidentielle.
« C'est la preuve que mes idées commencent à faire leur chemin dans la tête de mes potentiels électeurs », a déclaré l'intéressé qui n'a pas manqué de noter que les intentions de vote en sa faveur étaient en hausse de 0,1 % par rapport au précédent sondage. *« Qu'il y ait autant de gens qui me soutiennent dès le premier tour, c'est vraiment de bon augure pour la suite »*, a t-il ajouté.

Le PS accuse Les Républicains de copier son absence de programme

Le Parti socialiste a fait savoir ce matin, par la voix de son porte-parole Razzy Hammadi, qu'il n'en resterait pas là si Les Républicains s'obstinaient à copier son absence de programme.

Absence de vision à long terme, évitement des questions agricoles et climatiques, aucun plan pour sortir du nucléaire, rien sur le manque de place en prison et le suivi carcéral : les ressemblances entre les programmes des Républicains et du PS sont assez troublantes. Suffisant pour parler de plagiat ?

C'est ce que pense en tout cas Razzy Hammadi, qui dénonce *« une volonté évidente de la part des Républicains de copier l'absence de propositions concrètes du PS »*.

Mais ce n'est pas tout. Le porte-parole du PS reproche également aux Républicains d'avoir plagié *« l'idée de déléguer toute décision véritablement politique à l'Union européenne et de compter uniquement sur un éventuel rebond de la croissance ou une conjoncture économique favorable pour sortir de la crise »*. Les Républicains, par l'intermédiaire de Jean-François Copé, n'ont pas tardé à répliquer, le maire de Meaux rappelant que son parti n'avait *« pas attendu le PS pour n'avoir aucune initiative ni aucune conviction »*. Ce dernier a ensuite contre-attaqué, reprochant au PS, au sujet de l'individu qui a fait quelque chose de bien, d'avoir essayé de *« récupérer leur récupération »*.

Pour 23 % des Français, le char à voile reste une menace pour la laïcité

D'après un sondage IFOP pour *Le Figaro*, le char à voile est pour 23 % des Français une *« forme de communautarisme qui ne dit pas son nom »* et *« reste une menace pour la laïcité »*. Si les régions de la façade atlantique, où la discipline est historiquement enracinée et mieux acceptée, laissent au char à voile le bénéfice du doute, on constate une perception de 30 à 40 % plus négative dans les régions du Centre et du Nord.

58,4 % estiment qu'en l'état actuel les chars à voile ne représentent pas une *«atteinte fondamentale aux principes républicains»* pour la laïcité, mais que la pratique devrait être *« plus fermement encadrée pour limiter les dérives potentielles »*. 8 % seraient favorables à un fichage S des chars à voile et une minorité (3 %) considère enfin que les chars à voile devraient *« faire profil bas et s'intégrer, ou rentrer chez eux »*.

Faute de moyens, les tracts de Force ouvrière seront désormais rédigés à la main

Cela fait plusieurs mois que tous les membres actifs du parti Force ouvrière sont à pied d'œuvre pour réaliser à la main les millions de tracts nécessaires, qui viendront se glisser dans les boîtes aux lettres des Français, qui ne feront pas l'effort de les lire. Le Gorafi est parti à la rencontre de ces courageux militants FO.

Jacqueline, 54 ans, sourit : *« Voilà ! J'en ai fait cinquante-deux aujourd'hui ! »* Fière de son travail, elle exhibe ses feuilles où son écriture ronde raconte dans les moindres détails le programme du parti pour l'élection présidentielle.

Des feuilles comme celles-là, elle en a rédigé des centaines, car, depuis le mois de janvier, les caisses du parti sont à sec. Tout a été utilisé pour remplacer la fenêtre cassée du troisième étage du local à Aubervilliers. *« Heureusement, je connaissais un Roumain qui nous a fait un prix... Mais, résultat, on doit quand même retrousser nos manches pour rédiger les tracts, parce que les photocopies, c'est vraiment trop cher, explique Jacqueline. Avant on photocopiait tous nos tracts à la bibli, et c'est 10 centimes la photocopie. Je vous laisse imaginer tout le pognon qu'ils se faisaient sur notre dos, ces escrocs ! »* lâche-t-elle, les sourcils froncés. Malheureusement pour elle, et pour les centaines d'autres bénévoles, les tracts de FO sont les plus denses, et la moindre erreur de chiffre serait une *« catastrophe »* pour le parti, selon ses dirigeants.

Selon Didier Graffard, membre actif depuis vingt-cinq ans, *« la fenêtre pétée du local, ça a complètement bousillé les finances »*. Alors des économies doivent être réalisées au jour le jour : *« On récupère des stylos en allant à La Poste... On fait comme si qu'on allait récupérer un colis tout ça, et hop, on embarque un Bic bleu ou noir, ni vu ni connu je t'embrouille ! »*

Pour les feuilles A4, en revanche, l'affaire est plus complexe : *« Au début on avait un accord avec un type de la mairie, qui les piquait dans la réserve. Mais il s'est fait griller, alors aujourd'hui on essaie d'en récupérer à la sortie des écoles en fouillant dans les cartables. »*

Si Force ouvrière connaît aujourd'hui des difficultés, il ne fait aucun doute que le parti parviendra à les surmonter : ses militants courageux accompliront leur mission à coup sûr, car leurs techniques sont rodées et leur ruse est sans limites.

PRÉSIDENTIELLE : DEUX CANDIDATS EN VIENNENT AUX MAINS POUR AIDER UNE PERSONNE ÂGÉE À TRAVERSER LA RUE

Une bagarre de rue opposant Manuel Valls et Jean-François Copé a éclaté en fin d'après-midi dans le IIIe arrondissement de Paris. Les deux hommes en sont visiblement venus aux mains alors qu'ils tentaient tous les deux d'aider une dame d'un certain âge à traverser la rue devant les caméras. Un phénomène qui n'est pas nouveau : depuis l'annonce de la candidature de l'homme qui a fait quelque chose de bien à l'élection présidentielle, l'INSEE aurait recensé plus de 60 candidats déclarés en train d'errer sur le territoire français pour tenter de réaliser quelque chose de bien.

L'homme à qui Nicolas Sarkozy avait rapporté son portefeuille révèle qu'il manquait 150 euros

Après avoir grimpé de 8 points dans les sondages en racontant l'anecdote du portefeuille la semaine dernière, Nicolas Sarkozy risque fort de voir sa cote de popularité s'effondrer dans les prochains jours. L'homme à qui il avait rapporté son portefeuille a en effet affirmé aujourd'hui dans les médias qu'il manquait « *150 euros* ».

Le propriétaire du portefeuille qu'avait ramassé Nicolas Sarkozy avant de le lui restituer n'aura pas tardé à se faire connaître. Gilbert B., 52 ans, originaire de La Celle-Saint-Cloud, a contacté plusieurs journalistes pour leur faire part de la surprise qui a été la sienne une fois qu'il a récupéré son dû. « *Au début, j'étais vraiment content de l'avoir retrouvé. Mais, deux jours plus tard, j'ai voulu aller faire des commissions et là j'ai constaté qu'il manquait 150 euros, mes deux bons de réduction Fnac et même la photo de Nestor, mon chien* », a-t-il expliqué. Il a également confié ne plus retrouver sa carte de fidélité Auchan : « *J'avais quand même cumulé pas loin de 13 000 points dessus, ce qui m'aurait permis d'ici à cinq ans d'obtenir gratuitement une machine à pain !* s'est-il emporté, avant de nuancer quelque peu son propos : *Bon, en échange, je dois reconnaître qu'il a été très sympa car il m'a laissé un quart de feuille de carbone juste à côté de ma Carte Bleue.* »

Nicolas Sarkozy a, dans un premier temps, nié les faits, accusant l'homme de s'être fait passer pour l'individu à

qui appartenait le portefeuille, avant de se rendre à l'évidence : « *J'attendais simplement d'avoir donné une ou deux conférences pour le rembourser avec intérêts, ce qui m'aurait permis de faire quelque chose de vraiment très bien* », s'est-il justifié. « *Vous savez, en ce moment, la vie est dure pour tout le monde, Carla doit sortir un nouvel album, j'essayais juste de mettre un peu d'argent de côté* », a-t-il ajouté, un peu penaud. L'ex-président s'est ensuite repris et a juré, certes un peu tard, qu'on ne l'y reprendrait plus. « *Je vais montrer aux Français que j'ai changé. Voici, je donnerai la moitié de mes biens aux pauvres et, si j'ai fait tort à quelqu'un en quelque chose, je lui rendrai le quadruple* », a-t-il conclu.

L'OMS préconise des promesses de campagne revues à la baisse pour éviter les fausses joies

Coup de tonnerre dans les sièges des partis politiques. L'Organisation mondiale de la santé (OMS) vient de le confirmer dans un rapport officiel : les fausses joies sont nocives pour la santé (car c'est un peu comme *« briser les rêves d'un enfant »*, précise l'étude). C'est donc par mesure de prévention que l'OMS demande aux politiques de revoir à la baisse les promesses fantaisistes et d'avoir des programmes *« un peu crédibles »*.

En effet, en plus de peser sur le moral, les fausses joies sont génératrices de stress et sont bien sûr cancérigènes (*« tout comme le fait de se curer le nez en public »*, précise l'étude en page 87). Il faudra aujourd'hui que les candidats y aillent *« mollo sur les baisses d'impôts ou le plein emploi »*, car c'est la santé des Français qui pourrait en pâtir.

« C'est toute une stratégie politique qui est mise à rude épreuve », analyse Jean-Luc Czaczvesky, politologue et auteur de *J'ai menti toute ma vie et je gagne plus que vous* (Éditions Plon, 19 euros), un livre sans concessions sur les hommes politiques. *« Promettre n'importe quoi aux Français, c'est quand même la base. Sécurité, transports gratuits, baisse des impôts... ils gobent tout ! Les Français sont des veaux. Si on leur disait qu'ils vont continuer à être au chômage dans leur petit appartement merdique, ça marcherait moins, forcément* [rires]. »

Prêts à relever le défi, les partis politiques ont déjà commencé à réfléchir à des promesses bien plus réalisables. En voici un échantillon :

– des bouchons d'oreille pour mieux dormir la nuit (PS) ;
– le droit de caresser les animaux du zoo de Vincennes (Les Verts) ;

– moins de gens qui toussent au cinéma (Les Républicains) ;
– des bons de réduction d'un euro sur les sandwichs au jambon (FN).

Les programmes de campagne s'annoncent donc moins excitants que les autres années, mais les promesses cette fois-ci seront tenues.

SOS RACISME DEMANDE À REMPLACER L'EXPRESSION « VOTE BLANC » PAR « VOTE INCOLORE »

Après avoir reproché la semaine dernière à chacun des candidats à la présidentielle de ne représenter *« que sa propre couleur de peau »*, SOS Racisme a tenu à dénoncer l'usage de l'expression *« vote blanc »*, très *« stigmatisante »* et *« à forte connotation raciste »* selon son président, Dominique Sopo, qui souhaiterait la remplacer par *« vote incolore »*.
Cette sortie a d'ores et déjà donné des idées à la principale fédération de parents d'élèves, la FCPE, qui a fustigé de son côté l'emploi de l'expression *« vote nul »*, dans laquelle elle voit *« un jugement de valeur »* ainsi qu'*« une volonté de stigmatiser les cancres et de ne s'adresser qu'aux élites »*. Manuel Valls et Najat Vallaud-Belkacem ont dit *« comprendre le désarroi des associations et des parents »* et indiqué qu'ils soutiendraient *« ces initiatives citoyennes »*.

Des intentions de vote pour François Hollande retrouvées ligotées, les pieds coulés dans du béton sur une plage près de Marseille

C'est une découverte macabre qui vient assombrir une campagne présidentielle déjà orageuse. Les corps suppliciés de trente-trois intentions de vote en faveur de François Hollande ont été retrouvés hier matin dans la calanque de l'Escalette, à 8 kilomètres au sud de Marseille. La police n'exclut pour l'heure aucune piste, bien que le mode opératoire suggère fortement le règlement de comptes mafieux.

Du Vieux-Port au Panier, la question est sur toutes les lèvres : de quoi ce crime odieux est-il la sanction ? Le procureur de la République Brice Robin a promis de faire toute la lumière sur ce drame d'une rare violence, même à l'aune des critères locaux.

À qui profite le crime ? « Presque tout le monde »

« Les corps des intentions de vote ont été acheminés en fin de matinée à l'institut médico-légal de Marseille », a déclaré M. Robin, qui a également annoncé le placement en garde à vue d'un dénommé Dominique Ridoretti, truand free-lance déjà connu des services de police pour avoir séquestré des intentions de vote écologistes pendant les législatives de 2002.

Un premier pas substantiel, dans une enquête qui s'annonce particulièrement ardue. Pour la plupart des commentateurs, la question du mobile, notamment, risque d'être difficile à élucider : *« Le problème avec François Hollande, c'est que sa non-réélection profite à presque tout le monde. La droite, une grande partie de la gauche et de son propre camp, et la quasi-totalité des Français.* »

« Trente-trois voix c'est une part substantielle du vote Hollande », se lamente Cambadélis

Pour les résistants de la Hollandie, ce drame est un coup dur supplémentaire à une campagne qui relevait déjà du soin palliatif. Cet après-midi, le premier secrétaire du PS, Jean-Christophe Cambadélis, n'excluait pas de demander un report de l'élection, les chances de son candidat s'en trouvant selon lui *« très sérieusement réduites. Trente-trois voix, c'est une part substantielle du vote Hollande »*. Il s'agit maintenant, pour les intentions de vote Hollande restantes, de faire preuve de prudence sans céder à la psychose. Invité ce matin au micro d'Europe 1, le ministre de l'Intérieur invitait ainsi les cinquante-sept autres intentions de vote Hollande recensées à l'échelle nationale à *« faire preuve de prudence et de discernement dans la profession de leurs opinions et intentions »*.

Première rencontre entre Marine Le Pen et Donald Trump lors d'une chasse aux migrants en Hongrie

La scène est superbe. Marine Le Pen, gabardine en velours rouge, lavallière bleue de Prusse et bottes acajou en cuir pleine fleur, juchée sur un robuste camarguais alezan, commande à son équipage : *« À gauche là-bas, lâchez les chiens ! Taïaut, taïaut ! »* Aussitôt, la meute de braques et d'épagneuls s'élance à la poursuite d'un groupe de migrants brutalement débusqué d'un buisson. Les cavaliers, Marine Le Pen, Florian Philippot et Gilbert Collard en tête, suivent derrière à bride abattue. Les réfugiés, affaiblis, encombrés de vivres et d'effets personnels, ralentis par les enfants et les personnes âgées, n'ont aucune chance face à la formidable troupe.

« Taïaut, taïaut ! »

Déjà les chiens commencent à mordiller les mollets d'une famille irakienne, dispersée à découvert au beau milieu d'une clairière. Les premiers coups de cravache pleuvent aux cris de *« Charles Martel nous voici ! »*. La curée est imminente lorsque, de derrière un rideau de peupliers, monte une clameur qui en ces lieux paraît irréelle : *« USA ! USA ! »* Un homme au teint orangé, le cheveu jaune labrador, émerge des fourrés en robe de chambre pourpre damassée d'argent. De ses petites mains trapues, il traîne un immense filet de pêche à l'intérieur duquel six adolescents syriens se débattent encore comme de beaux diables. Le pas conquérant, suivi de sa cour toute de casquettes et de bobs vêtue, il s'approche de la dirigeante du FN à qui il tend sa gesticulante prise : *« Avez-vous perdu ceci, madame ? »*

Les plaisirs sophistiqués

C'est bien Donald Trump, le nouveau président des États-Unis. En marge de sa première tournée en Europe, où il est venu superviser l'aide américaine à la construction d'un mur antimigrants qui doit s'étendre du Danube à l'Atlantique, ce grand épicurien s'adonne sans retenue aux plaisirs sophistiqués du Vieux Continent. Entre les deux politiciens

– aujourd'hui simples chasseurs –, l'alchimie est presque immédiate. Visiblement troublée, Marine Le Pen remercie le gentleman dans un souffle, avant de se reprendre et de mettre pied à terre : *« Monsieur, puis-je vous inviter à donner la bastonnade à ces misérables insectes ?* propose-t-elle sur un ton protocolaire qui masque mal son émotion. *Vous pourriez m'aider à les bouter hors d'Europe, ce sera plus facile à deux... »* Le président américain, lui-même envoûté par cette Jeanne d'Arc aux cheveux d'or et incapable de prononcer le moindre mot, accepte immédiatement dans le hochement de tête de celui qui ne croit pas en sa chance.

Rien de la tendresse de la scène n'a échappé à leurs pages respectifs, restés en arrière par pudeur autant que par fascination. Regardant le couple s'éloigner fébrilement vers une grappe de migrants apeurés, un jeune assistant se prend à paraphraser Saint-Exupéry : *« S'aimer, ce n'est pas se courir après, c'est courir ensemble après les mêmes personnes. »*

Trois Teknival ferment leurs portes après qu'Alain Juppé a déclaré : « Ma vie, c'est la techno ! »

Certaines « petites phrases » des politiques peuvent parfois avoir des conséquences fâcheuses. C'est ce qu'ont appris à leurs dépens les organisateurs de trois Teknival prévus pour cet été. En effet, après la déclaration d'Alain Juppé qui affirmait la semaine dernière *« Ma vie c'est la techno »*, devant un parterre conquis de jeunes étudiants de droite, il semblerait que cette musique soit devenue ringarde du jour au lendemain.

Toujours dans son optique de plaire au maximum de jeunes, Alain Juppé s'est renseigné sur les musiques à la mode actuellement. *« Il a d'abord voulu sortir son album de slam, façon Grand Corps Malade... Ses textes parlaient du RPR et de ce qu'il a fait pour la ville de Bordeaux. C'était naze »*, confie Sylvie Poulard, responsable des nouveaux talents chez Sony, avant d'ajouter : *« Alors on lui a conseillé de se mettre à la techno, c'était plus sûr. On lui a donné nos meilleures adresses pour se droguer aussi. Depuis, il adore ça, la techno, ce gros naze. »*

Malgré les accents de sincérité qui guident la démarche de l'ancien Premier ministre, le public n'a semble-t-il pas apprécié sa nouvelle passion.

Façon Grand Corps Malade...

En moins de vingt-quatre heures, les réservations pour les Teknival et les soirées technos se sont effondrées et, victime du *bad buzz*, la techno est devenue en quelques jours la musique des jeunes ringards, fans d'Alain Juppé. Trois Teknival ont dû fermer leurs portes et tout annuler car ils ne seraient jamais rentrés dans leurs frais : Drugamax, Technoverdose et Badtrip ont ainsi dû rembourser les précédents acheteurs, bien contents de récupérer leur mise.

La musique des jeunes ringards

Pour Nicolas et Adeline, 21 et 22 ans, fans de techno « *depuis très longtemps* » (NDLR : un an et demi en réalité), la phrase d'Alain Juppé « *a ruiné la fête* ». Elle aurait fait l'effet exact d'« *un papa qui vient dans la soirée de son fils boire une bière et parler de son boulot et de son ex-femme à tout le monde, et super près des visages des gens. Et qui après se met à danser en tenant son verre comme un ringard. On verrait ses auréoles sur sa chemise bleu clair de vendeur d'assurances. Voilà, ça a fait cet effet-là* ». Les Teknival attendront que le buzz soit oublié pour retenter une ouverture éventuelle l'année prochaine.

En meeting à Colombey-les-Deux-Églises, Nicolas Sarkozy enflamme la foule avec un hologramme animé du général de Gaulle

Bousculant comme à son habitude les codes de la vie politique, le candidat Sarkozy n'a pas souhaité attendre le 9 novembre, date anniversaire de la mort du Général, pour rendre à ce dernier un hommage high-tech et particulièrement apprécié.

Un miracle ? Peut-être pas pour tout le monde, mais assurément un beau coup de com' pour Nicolas Sarkozy parvenu à ressusciter en plus vrai que nature la figure politique dont tout le monde se réclame depuis quarante ans.

« Les meilleures punchlines » du Général

Conseillers politiques en pâmoison, militaires au garde-à-vous, grévistes flageolants et soixante-huitards qui, dans un réflexe presque pavlovien, se baissent pour chercher un pavé à lancer : pas de doute possible, une certaine idée de la France vient de faire son entrée sur scène.

« C'est moi qui l'ai eu ! » revendique sans ambages l'intéressé. Il faut reconnaître que la performance a largement dépassé le cadre de la pirouette technologique. *« Je vous ai compris », « la réforme oui, la chienlit non », « vive le Québec libre »* : hier soir, sur le parvis du mémorial du général de Gaulle et devant un parterre d'élus et de militants émus aux larmes, l'homme du 18 juin a livré un florilège *« un peu décousu mais tellement jouissif »* de ses meilleures citations – ses *« meilleures*

punchlines », comme les appelle Franck Simon.

Cet ancien ingé-son pour la Fonky Family, régisseur et *road manager* historique du Suprême NTM, est l'homme derrière l'hologramme, le chef de ce projet un peu fou. *« C'est Pierre qui m'a présenté Franck il y a deux ans, ils travaillaient ensemble pour Doc Gynéco dans notre studio de mixage de Courbevoie,* expliquait ce matin Nicolas Sarkzoy aux caméras d'*Ouest-France. Vous n'avez pas oublié que mon fils Pierre a eu sa période rappeur sous le pseudonyme de DJ Mosey, j'espère ? »*

Modélisé à partir de l'hologramme de Tupac à Coachella en 2012

Dans le bus de tournée qui emmène l'équipe de campagne à son prochain meeting, Franck Simon goûte son succès, sans oublier le fil à retordre que lui a donné l'animation du Général. *« Nous avons travaillé à partir de l'hologramme de Tupac à Coachella en 2012,* se souvient le régisseur. *Le personnage était programmé pour faire des doigts d'honneur à la foule et se soupeser l'entrejambe, on a eu un mal de chien à le reprogrammer. »*

Pour sa part, Franck s'arrêterait bien sur cet exploit, mais Nicolas Sarkozy semble ne pas l'entendre de cette oreille. L'ex-président aurait demandé aux programmeurs d'étudier en urgence la modélisation *« d'une poignée de retraités de l'OAS »*, qui pourraient à nouveau tenter d'abattre le Général au cours d'un prochain meeting. Un drame plus vrai que nature que le candidat Sarkozy instrumentalisera assurément à merveille.

HOROSCOPE 2017

Bélier

Une année en demi-teinte pour les bêtes à cornes cette année. Une année couci-couça… Mi-figue, mi-raisin en quelque sorte, ou si vous préférez : « Bof bof. » Une année *« le cul entre deux chaises »*, comme disait Jean-Claude Van Damme lorsqu'il faisait vraiment le grand écart entre deux chaises, pour faire rire ses amis, mais aussi pour plaire aux femmes.

AMOUR

Malgré vos efforts (comme raser votre monosourcil), toutes vos aventures sentimentales tourneront au fiasco en raison de votre odeur corporelle. Il faudra vous remettre en question et arrêter d'utiliser ce déodorant bio à base de jambon. Même si l'odeur du jambon périmé vous rappelle de bons souvenirs d'enfance (quand votre grand-mère vous en lançait des tranches dans le jardin pour votre anniversaire), il faudra faire une croix dessus pour pouvoir enfin accéder au monde merveilleux du coït.

TRAVAIL

Vous trouverez un emploi inintéressant dans une entreprise que personne ne connaît. Petit à petit, sans même vous en rendre compte, vous commencerez à porter des chemisettes ou à vous curer le nez en regardant des tableaux Excel. Vous serez même du genre à rapporter « votre gamelle » dans un Tupperware en disant : « Tous les soirs quand je cuisine, j'en fais un peu plus, comme ça il m'en reste pour le lendemain ! »

SANTÉ

Vous vous mettrez au ping-pong en pensant que c'est réellement un sport. Vous commencerez alors à mettre des shorts colorés et trop courts avec une petite fente sur le côté et vous gigoterez de façon ridicule devant la table. L'avantage est que vous vous pavanerez fièrement pendant les barbecues entre amis, car tout le monde le sait : le meilleur au ping-pong est toujours très respecté dans les assemblées. Un enfant voudra même que vous lui fassiez un autographe sur le visage au marqueur indélébile. Ce sera le plus beau jour de sa vie.

AVRIL 2017

Nicolas Sarkozy promet de tirer un trait sur ses affaires s'il est élu... p. 82

Il se réveille après cinq ans de coma et veut voter PS... p. 72

Il se faisait passer pour l'homme qui avait fait quelque chose de bien pour faire quelque chose de mal... p. 78

En plein meeting, Jean-Luc Mélenchon mord un enfant pour apaiser sa colère... p. 80

L'homme qui a fait quelque chose de bien aide une aveugle à voter pour lui devant les caméras... p. 84

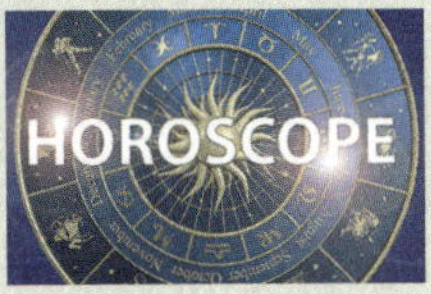

TAUREAU... p. 91

Il se réveille après cinq ans de coma et veut voter PS

Sylvain Quentel, 33 ans, s'est enfin réveillé d'un coma de cinq ans. Ce Nantais (à la pilosité impressionnante) travaillait dans un abattoir quand il a été percuté par un porc à la suite d'*« une bagarre à propos d'une femme »*. L'accident l'avait alors plongé dans un coma profond : entre la vie et la mort. Mais ce sommeil de cinq années n'a pas entamé ses idées politiques. Bien au contraire.

*« **Après cinq ans de Sarkozy,** il faut laisser sa chance au PS »*, affirmait le trentenaire miraculé. Ses amis et sa famille lui ont alors appris que François Hollande était le président de la République française depuis 2012. *« Je ne comprenais pas pourquoi ils avaient l'air si tristes, tellement dépités... Certains ont même craché par terre alors que ce n'est pas dans leurs habitudes. Moi, j'étais très heureux ! Encore plus que quand j'ai appris que mon ex avait la gale »*, confie-t-il sur son lit d'hôpital.

« Moi, j'étais très heureux ! »

Les promesses non tenues, le chômage constant, la grogne plus forte que jamais n'ont pas ébranlé le moral de Sylvain Quentel. *« Hollande a fait ce qu'il pouvait... Moi, je ne l'ai pas vu à l'œuvre, alors je vais lui donner sa chance ! HO-LLANDE président ! HO-LLANDE président ! »* se met-il à chantonner en gesticulant de façon embarrassante, sous le regard lourd de ses proches, venus lui rendre visite et qui regrettent déjà. Céline, son ex, est présente, et, malgré la gale, elle a tenu à intervenir dans l'hôpital pour donner son point de vue : *« Sylvain a toujours été un gros con. Qu'il crève ! »*

« HO-LLANDE président ! HO-LLANDE président ! »

Sylvain a pu regagner son domicile dans l'après-midi et aurait même fait la demande pour avoir sa carte au Parti socialiste. *« J'ai raté cinq ans de politique,*

alors maintenant je m'engage ! » François Hollande s'est montré touché par cette histoire, et a tenu à remercier Sylvain Quentel via son compte Twitter : *« Merci Sylvain. T'es un chef ! #presidentielles2017 #vainqueur2fois2suite »*.

PRÉSIDENTIELLE : LES JT DE TF1 COMPTABILISÉS DANS LE TEMPS DE PAROLE DES CANDIDATS DE DROITE

Le CSA a tranché et a décidé de comptabiliser les journaux de la chaîne TF1 comme temps de parole des candidats de la droite dans la campagne pour la présidentielle. Une décision qui fait suite au scandale qui révélait la semaine dernière que le présentateur du 20 heures, Gilles Bouleau, ignorait encore l'identité de Jean-Luc Mélenchon.
Le CSA, qui avait déjà lancé à plusieurs reprises des avertissements à la direction de la première chaîne, a précisé que le JT de 13 heures de Jean-Pierre Pernaut compterait double.

Nicolas Sarkozy : « En vérité, je vous le dis : cette fois, même si j'étais déjà exceptionnel avant, j'ai vraiment changé ! »

C'est un Nicolas Sarkozy serein, apaisé, *« transfiguré »* même selon certains de ses sympathisants, qui a pris la parole hier lors d'un meeting pour rappeler son engagement dans la campagne et pour indiquer également qu'il était un homme nouveau.

« En vérité, je vous le dis : *cette fois, même si j'étais déjà exceptionnel avant, j'ai vraiment changé »*, a expliqué sobrement le chef des Républicains pour commencer son allocution, avant d'ajouter : *« Je suis beaucoup moins attaché à l'apparence, et je regarde avec une indifférence mêlée de dédain cette superbe montre Rolex que j'arbore au poignet ou les magnifiques chaussures en cuir de crocodile qui servent de marchepied à mon aura. »*

« Je suis également beaucoup plus détaché des sondages qui me donnent, pour 88,35% d'entre eux, présent au second tour », a ensuite continué l'ancien président. Puis d'ajouter : *« J'ai plus de compassion pour tous les moins que rien et les pauvres gens que je m'apprête à supporter si je suis élu. J'ai aussi plus de respect pour mes adversaires. »* Nicolas Sarkozy en profitant pour rappeler qu'il avait offert un déambulateur à Alain Juppé et plusieurs gaines à Nathalie Kosciusko-Morizet pour leur souhaiter bonne chance dans la campagne.

« Je suis surtout beaucoup plus patient et moins impulsif qu'avant ! » a ensuite hurlé l'ex-chef de l'État tout en lançant

plusieurs projectiles en direction d'un militant qui avait eu la mauvaise idée de s'assoupir, et juste avant qu'Henri Guaino, hors de lui, ne s'empare du récalcitrant et le jette dans une benne à ordures. Enfin, il a terminé son allocution par une tirade empreinte de retenue et d'humilité :

« Non, non, je ne suis plus
une force qui va
Agent aveugle et sourd
de mystères funèbres
Une âme de malheur faite
avec des ténèbres.
Où vais-je ? Maintenant
je le sais, je le vois
Car comme Blum, Ferry
et de Gaulle avant moi
Régner est mon destin,
la gloire est mon état. »

L'homme qui a fait quelque chose de bien dépasse les deux millions de vues dans une vidéo où il joue avec une pelote de laine

Le phénomène de l'homme qui a fait quelque chose de bien n'en finit plus de prendre de l'ampleur. Pour preuve, une vidéo le montrant en train de jouer avec une pelote de laine a dépassé les deux millions de vues sur YouTube en seulement quelques heures.

Tournée avec un téléphone portable, la vidéo qui dure un peu moins d'une minute montre le jeune homme installé sur un canapé, en train d'agiter ses bras pour tenter d'attraper la pelote de laine visiblement suspendue par une personne hors champ.

« *Trop mignon* », « *On a envie de le croquer* », « *C'est un fake* », peut-on lire parmi les commentaires majoritairement positifs sous la vidéo. L'homme qui a fait quelque chose de bien n'en est pas à son premier buzz, puisque l'une des photos de ses pieds devant un coucher de soleil sur une plage a été partagée plus de dix mille fois sur le réseau social Facebook.

« On a envie de le croquer »

Révélé au grand public il y a plusieurs semaines pour avoir, selon plusieurs témoins, fait une bonne action, l'homme qui a fait quelque chose de bien pourrait donc être plus qu'un simple phénomène médiatique passager. Il se murmure qu'il pourrait même être présent à la cérémonie des césars pour remettre le prix du meilleur espoir féminin.

PRÉSIDENTIELLE : UN MEETING DE FRANÇOIS HOLLANDE À BORDEAUX ENTRAÎNE UNE PÉNURIE D'ŒUFS POURRIS DANS TOUT LE SUD-OUEST

Il était impossible de trouver le moindre œuf pourri dans le Sud-Ouest hier. La raison de cette pénurie ? Le meeting que François Hollande tenait hier en Gironde. Selon plusieurs témoins, le président sortant, qui a reçu plus de 800 kilos d'œufs, s'en est sorti indemne grâce à la sécurité et à la maladresse des participants. La préfecture de Gironde s'est déclarée inquiète de voir la pénurie durer. Un meeting de Manuel Valls doit avoir lieu dans une semaine. Elle lance un appel aux dons d'œufs pourris pour pouvoir satisfaire les participants.

Il se faisait passer pour l'homme qui avait fait quelque chose de bien pour faire quelque chose de mal

Un homme d'une trentaine d'années a été arrêté alors qu'il se faisait passer pour l'homme qui a fait quelque chose de bien. L'imposteur accumulait les méfaits dans la région depuis plusieurs semaines.

D'après une copie du rapport de police abîmée par des traces de café, l'homme a été interpellé aux aurores dans la chambre d'hôtel qu'il occupait gratuitement en se faisant passer pour l'homme qui afait quelque chose de bien.

Au total, ils seraient plusieurs centaines à avoir été abusés par l'homme qui se faisait passer pour l'homme qui a fait quelque chose de bien. *« Il passait chez moi trois fois par semaine pour collecter des fonds pour venir en aide aux chatons africains »*, raconte une victime. *« Moi, il m'a fait croire qu'il était le fils de Dieu »*, rapporte une autre victime.

Selon toute vraisemblance, l'homme profitait d'une ressemblance physique avec l'homme qui a fait quelque chose de bien pour arriver à ses fins. *« Vous savez, il est encore très difficile de distinguer ceux qui font des choses bien de ceux qui font des choses mauvaises »*, a expliqué le gérant de l'hôtel, trompé. Cela porte à 1 248 le nombre de personnes accusées de se faire passer pour l'homme qui a fait quelque chose de bien en France ce mois-ci. La presse locale rapporte même avoir constaté à Colmar un cas de bagarre entre deux hommes qui prétendaient être l'homme qui a fait quelque chose de bien.

FRANÇOIS BAYROU PROPOSE DE BOUCHER LE TROU DE LA SÉCU AVEC DU GRAVAS ET DU SABLE FIN

Voilà une idée qui va sans doute faire date dans l'histoire des campagnes présidentielles. Alors que, depuis des dizaines d'années, les gouvernements qui se succèdent ne parviennent pas à trouver de solution pour résorber la dette de la Sécurité sociale, François Bayrou a annoncé avoir trouvé une idée simple mais ô combien efficace : boucher le trou avec du gravas et du sable fin.
L'engouement suscité en quelques heures par sa proposition a galvanisé le président du Modem qui a déclaré sur son compte Twitter une heure après qu'il avait encore *« plein d'autres idées »*, comme installer des détecteurs de migrants aux frontières pour éviter l'immigration clandestine ou remplacer le terme « chômeurs » par « travailleurs occasionnels » afin de résoudre définitivement le problème de l'emploi.

En plein meeting, Jean-Luc Mélenchon mord un enfant pour apaiser sa colère

Évreux. C'est à la fin d'une tirade enflammée contre le système bancaire que le leader du Front de gauche a saisi un enfant pour le mordre au bras gauche. Ses parents ont pu le récupérer en état de choc, et ses jours ne sont pas en danger.

Stupeur lors du meeting FG d'Évreux. Comme une violente conclusion à son discours, Jean-Luc Mélenchon, *« la bave aux lèvres et les yeux injectés de sang »*, a mordu au bras un enfant qui s'était approché de lui pour lui apporter un dessin. Selon les proches de Jean-Luc Mélenchon, *« le dessin représentait un patron heureux qui roulait dans une voiture de sport... Il l'a pris comme une provocation »*.

Au mauvais endroit au mauvais moment

Les parents du petit Léo, 6 ans, sont un couple de magasiniers, militants au Front de gauche depuis sa création. Ils ont du mal à expliquer le geste de Jean-Luc Mélenchon, mais ne sont pas rancuniers : *« On le comprend... Il était tellement en colère contre l'injustice du monde capitaliste, qu'il fallait qu'il morde quelqu'un tout de suite! C'est tombé sur notre gosse, mais ça aurait pu être n'importe qui. Il était au mauvais endroit au mauvais moment »*, explique Denis, le père, en réajustant son pin's Che Guevara.

Le petit Léo, lui, a toujours le bras recouvert de bandages : *« Il m'a fait très mal, j'ai pleuré devant tout le monde... »*, avoue-t-il, les yeux encore brillants derrière ses lunettes rondes. Quant à son futur métier, Léo se verrait bien *« travailler pour la Banque centrale européenne ou cadre sup chez Total »*.

« En colère contre l'injustice du monde »

Le chef du parti d'extrême gauche, lui, n'a pas souhaité s'exprimer sur cet

incident, mais son entourage est formel : *« Il ne s'excusera pas. Jean-Luc ne s'est jamais excusé de sa vie, et ce n'est pas parce qu'il a attaqué un garçonnet sur scène qu'il va commencer. Ce serait un terrible aveu de faiblesse. »* En guise de compensation, le parti a tout de même fait parvenir à la famille une peluche à l'effigie de Jean-Luc Mélenchon, qui pousse des cris rauques lorsqu'on lui montre le logo d'une entreprise du Cac 40. *« Elle est tout de même vendue 39,90 euros dans le commerce »*, a tenu à préciser un cadre du parti.

Nicolas Sarkozy promet de tirer un trait sur ses affaires s'il est élu

Voici la période où chaque candidat à la présidentielle y va de ses promesses. Nicolas Sarkozy ne fait pas exception à la règle, et l'ancien président a promis de *« tirer un trait définitif »* sur ses procès en cours s'il est élu.

C'est au cours d'une conférence de presse à propos de sa candidature que Nicolas Sarkozy a présenté les grandes lignes de son programme. Calqué sur son mandat de 2007-2012 (retour du bouclier fiscal, non-renouvellement de postes de policiers et tournée nationale de Carla Bruni), l'ancien président a tenu à souligner un point majeur de son programme : toutes les affaires judiciaires où son nom apparaît seront immédiatement classées « sans suite ». Nicolas Sarkozy a expliqué que ces affaires *« ennuient les Français »* et qu'il *« n'est jamais bon d'être rancunier dans la vie »*, car cela donnerait *« du mauvais cholestérol »*.

Cette proposition a été accueillie favorablement parmi les militants Les Républicains. Pour Christiane, 68 ans, habitante de Neuilly, *« les affaires Bygmalion, Bettencourt, etc., sont des vieilles affaires qu'il faut oublier »*, avant d'ajouter : *« Tout le monde a droit à une deuxième chance non ? Sauf les immigrés bien sûr... »*

Pour Philippe, 27 ans, c'est la promesse d'un rêve : *« Je suis admirateur de Sarkozy depuis que j'ai 9 ans... J'ai des T-shirts, des affiches, j'ai même développé les mêmes tics d'épaule pour impressionner mes copines. Les procès qu'on lui colle sur le dos, c'est juste dégueulasse. Ils devraient avoir honte de salir la réputation d'un homme droit dans ses bottes qui a tout fait pour gagner plus d'argent et faire plaisir à ses copains. »*

Selon des sources contradictoires, Nicolas Sarkozy prévoirait aussi d'autres mesures chocs, comme *« changer [sa] taille sur [ses] papiers d'identité »* ou *« avoir le yacht de Bolloré pour [lui] tout seul »*. En somme, un programme solide et réalisable, qui prend le parti de ne pas mentir aux Français.

Une meute de loups se débarrasse enfin du parti Chasse, Pêche, Nature et Traditions

C'est l'histoire d'une guerre qui dure depuis des mois. Le parti Chasse, Pêche, Nature et Traditions (CPNT) se présentait pourtant comme un ami de la nature, mais tout a changé depuis que son nouveau dirigeant arrivé en mars 2016, Eddie Puyjalon, a bousculé les codes du parti. Selon plusieurs sources proches du dirigeant, il avait *« une revanche à prendre sur les loups »* et a tout fait pour leur *« mettre des bâtons dans les roues »*. Mais les loups ne l'entendaient pas de cette oreille et, selon de nombreux témoins, *« ils se sont regroupés autour d'un objectif commun : manger Eddie Puyjalon »*. Selon Denis Colin, membre du CPNT depuis 1991, Eddie Puyjalon n'a eu *« que ce qu'il mérite »*, même s'il regrette la dissolution du parti à la suite de la défaite face aux loups. *« On a perdu quarante-trois membres dans la bataille, et cinquante-deux autres sont dans un état grave. Je suis un des seuls survivants de l'attaque de la meute. Ils ont été fortiches. Ma femme est partie avec l'un d'eux parce qu'elle ne veut pas rester avec un perdant... Tout ça c'est la faute d'Eddie ! »* enrage Denis Colin. Cette guerre sans merci a tout de même eu des conséquences positives, car, selon notre sondage, près de 90 % des Français ne *« regretteront pas le parti Chasse, Pêche, Nature et Traditions »* et s'estiment *« plutôt heureux de sa disparition »*. Enfin une bonne nouvelle pour remonter le moral des Français !

L'homme qui a fait quelque chose de bien aide une aveugle à voter pour lui devant les caméras

Il y avait foule dans la petite mairie de Libourne, en Gironde, pour assister au vote de l'homme qui a fait quelque chose de bien. Devant la presse et les caméras, le candidat surprise, présenté comme l'outsider de la présidentielle, en a profité pour aider une dame, non voyante, qui voulait lui apporter son vote.

L'homme qui a fait quelque chose de bien sera resté quarante minutes au total, dont trente à attendre sur le carrefour devant le bureau de vote au cas où une personne âgée se serait présentée pour traverser. L'homme est arrivé à 15 h 30, après avoir fait un crochet pour aider une femme enceinte à accoucher et pour ramener chez lui un chaton perdu par ses propriétaires depuis trois semaines.

Ramener chez lui un chaton perdu

Accusé de « *vouloir trop en faire* » par ceux qui pensent que l'homme qui a fait quelque chose de bien veut trop en faire, le candidat n'a pas souhaité répondre. L'homme n'a d'ailleurs fait aucune déclaration, prétextant devoir reconduire chez elles les quinze personnes âgées isolées qu'il avait pris soin d'accompagner pour qu'elles puissent voter.

« Vouloir trop en faire »

D'autres candidats se sont fait remarquer au moment de voter, notamment Nicolas Sarkozy que l'on voit dans une vidéo bousculer plusieurs personnes pour les doubler, dans une file d'attente de la mairie de Neuilly-sur-Seine.

PREMIER TOUR : FRANÇOIS HOLLANDE BIEN PLACÉ POUR INTÉGRER LA COLOC' DE LIONEL JOSPIN

Selon un sondage paru ce matin, le président sortant tiendrait toujours la corde pour intégrer la coloc' de Lionel Jospin, ce qui a semblé réjouir l'ancien Premier ministre de Jacques Chirac : *« C'est super, on va bien s'amuser ! C'est un peu triste ici depuis le départ de Jacques Delors… »* a-t-il commenté.

Mais la colocation post-présidentielle demeure encore taboue. Interrogé à ce sujet sur la rumeur persistante selon laquelle il aurait démarré une colocation avec Raymond Barre au lendemain de son élimination au premier tour, Édouard Balladur a manifesté un certain agacement en répondant : *« Je vous demande de vous arrêter ! »*

Pour prendre le temps de méditer sur sa défaite, Nicolas Sarkozy s'offre trois semaines de vacances à Las Vegas

Deux jours après sa défaite, c'est un Nicolas Sarkozy marqué et le visage défait qui est apparu en conférence de presse pour annoncer son intention de *« prendre du recul »* pendant trois semaines, à Las Vegas.

Peu disert sur la nature exacte de ses activités pendant son séjour aux États-Unis, Nicolas Sarkozy a accepté toutefois de donner les grandes lignes de son projet de vacances : *« Fuir le luxe, contempler la nature et me mettre au service des autres. »* Un projet simple et ambitieux qu'il compte bien mener à terme grâce à une équipe de quinze personnes censées veiller sur lui pendant ses vingt et un jours au Hilton Grand Vacations on the Boulevard. *« J'ai besoin de faire le vide, de refaire la paix avec mon être spirituel »*, a ensuite ajouté, devant les journalistes, l'ancien président de la République, qui se serait déjà inscrit à sept tournois de poker. *« Il n'y a pas que la soif de pouvoir dans la vie »*, a-t-il ensuite rappelé en recomptant une liasse de billets. Bien décidé, à l'issue de ce séjour, à lancer un nouveau Sarkothon pour s'offrir une année sabbatique *« bien méritée »*, le chef des Républicains a évoqué, pour justifier ce départ inattendu, une envie irrépressible d'*« ouvrir ses chakras »* et de *« jouer à la roulette »*.

« Il n'y a pas que la soif de pouvoir dans la vie »

L'élimination de Nicolas Sarkozy dès le premier tour de la présidentielle n'est pas qu'une mauvaise nouvelle pour lui, puisque sa défaite pourrait lui permettre de valider ses comptes de campagne. Une bonne nouvelle qui vient s'ajouter à la baisse spectaculaire du chômage, près de 300 000 demandeurs d'emploi en moins, enregistrée depuis l'annonce de la défaite de François Hollande.

DES ASSESSEURS RÉUSSISSENT UNE PYRAMIDE DE 12 MÈTRES DE HAUT AVEC LES BULLETINS DE VOTE RESTANTS DE BRUNO LE MAIRE

C'est un véritable exploit qu'ont réussi les assesseurs présents hier pour le dépouillement au bureau 6 de l'école communale du Plessis-Robinson. Grâce à leur pyramide de 12 mètres de haut, ils ont battu le précédent record de 2012 détenu par trois hommes originaires de Vesoul qui avaient confectionné une tour de 10 mètres de haut avec les bulletins de vote restants d'Eva Joly. Ce nouveau record n'a toutefois pas empêché l'un d'eux d'exprimer une certaine frustration à notre micro : *« C'est vraiment dommage, on aurait pu faire mieux, il en restait encore beaucoup ! On aurait pu aller plus haut, mais c'était de plus en plus difficile de maintenir l'équilibre à cause du poids de sa tête. »*

Battu une troisième fois à la présidentielle, Jacques Cheminade quitte la Terre et se transforme en comète

En est-ce fini du candidat Cheminade ? En lieu et place de l'estrade parisienne sur laquelle il donnait, il y a quelques heures encore, un vibrant discours d'adieu à la politique et *« aux viles préoccupations terrestres »*, ne reste maintenant qu'un cratère fumant de 12 mètres de diamètre. L'homme politique se situerait actuellement en orbite à 1 233 kilomètres au-dessus de la Terre.

« Il y a eu un grand "boum", puis une flamme aveuglante suivie d'un rideau de fumée »

Il a tenu à partir sur un coup d'éclat. Seule la centaine de carreaux brisés par le bang supersonique et la traînée de condensation en ligne droite vers la Lune témoignent de la présence il y a quelques instants encore de Jacques Cheminade, président de Solidarité et Progrès et candidat déçu à la présidentielle avec 0,27 % des voix. Ses cinquante-quatre adhérents, venus de toute la France pour assister à son décollage vers des cieux à sa mesure, sont encore subjugués par l'audace et la fougue de leur leader. *« C'était très émouvant »*, témoigne Delphine, 42 ans et cheminadiste de la première heure. *« Tout s'est passé comme il l'avait décrit dans sa newsletter d'adieu : il a terminé son discours par un "allez, ciao, bande de nazes", nous a demandé de mettre nos lunettes de protection et de reculer un peu. Il y a eu un grand "boum", puis une flamme aveuglante suivie d'un rideau de fumée. »* Quand les militants et les badauds relèvent enfin les yeux, Jacques Cheminade est déjà sur le point de quitter l'atmosphère terrestre. Il est fugacement repéré sept minutes plus tard par un chercheur de l'observatoire de Chacaltaya, dans les Andes boliviennes, qui livre un verdict sans appel : *« Plasma, gaz ionisé, poussières de glace… Aucun doute possible, M. Cheminade s'est bel et bien transformé en comète. »*

Le candidat déçu aurait juré de « revenir tout casser avec des copains astéroïdes »

Et il semblerait que le candidat déçu ne soit pas parti qu'avec des bons souvenirs.

Au colonel du Centre national des opérations aériennes (CNOA) parvenu à établir brièvement le contact avec lui, Jacques Cheminade aurait ainsi fait part de sa volonté de *« revenir tout casser avec des copains astéroïdes »*. Simple rodomontade de vaincu? Du côté du ministère de la Défense, on assure prendre ces propos très au sérieux. *« Il est encore tôt pour se prononcer mais si l'on considère la masse, la vélocité et la trajectoire initiale de Jacques Cheminade, on peut établir sa périodicité à 7,3 ans en moyenne,* précise un gradé proche du dossier. *C'est le temps qu'il nous reste pour établir des contre-mesures efficaces. »*

Signe de la crédibilité accordée à la menace, le CNES européen aurait d'ores et déjà pris contact avec la NASA américaine, confrontée au phénomène en 2000 : à l'annonce de sa défaite, Herb Titus, candidat sans étiquette à la présidentielle, avait pulvérisé le toit de son QG de campagne en démarrant son ascension vers Neptune, dont il est aujourd'hui un satellite naturel mieux connu sous le nom d'Halimède.

GÉRARD DEPARDIEU : « J'AI TOUJOURS CONFONDU ISOLOIR ET URINOIR »

Gérard Depardieu a été expulsé *manu militari* d'un bureau de vote du VIIIe arrondissement de Paris pour avoir *« fait ses besoins »* dans l'isoloir. *« Il n'avait même pas pris la peine de fermer le rideau »*, précise Jean-Paul Balanger, assesseur vigilant. L'acteur Gérard Depardieu a tenu à s'excuser : *« Désolé pour les gens que j'ai arrosés. J'ai toujours confondu isoloir et urinoir. »*

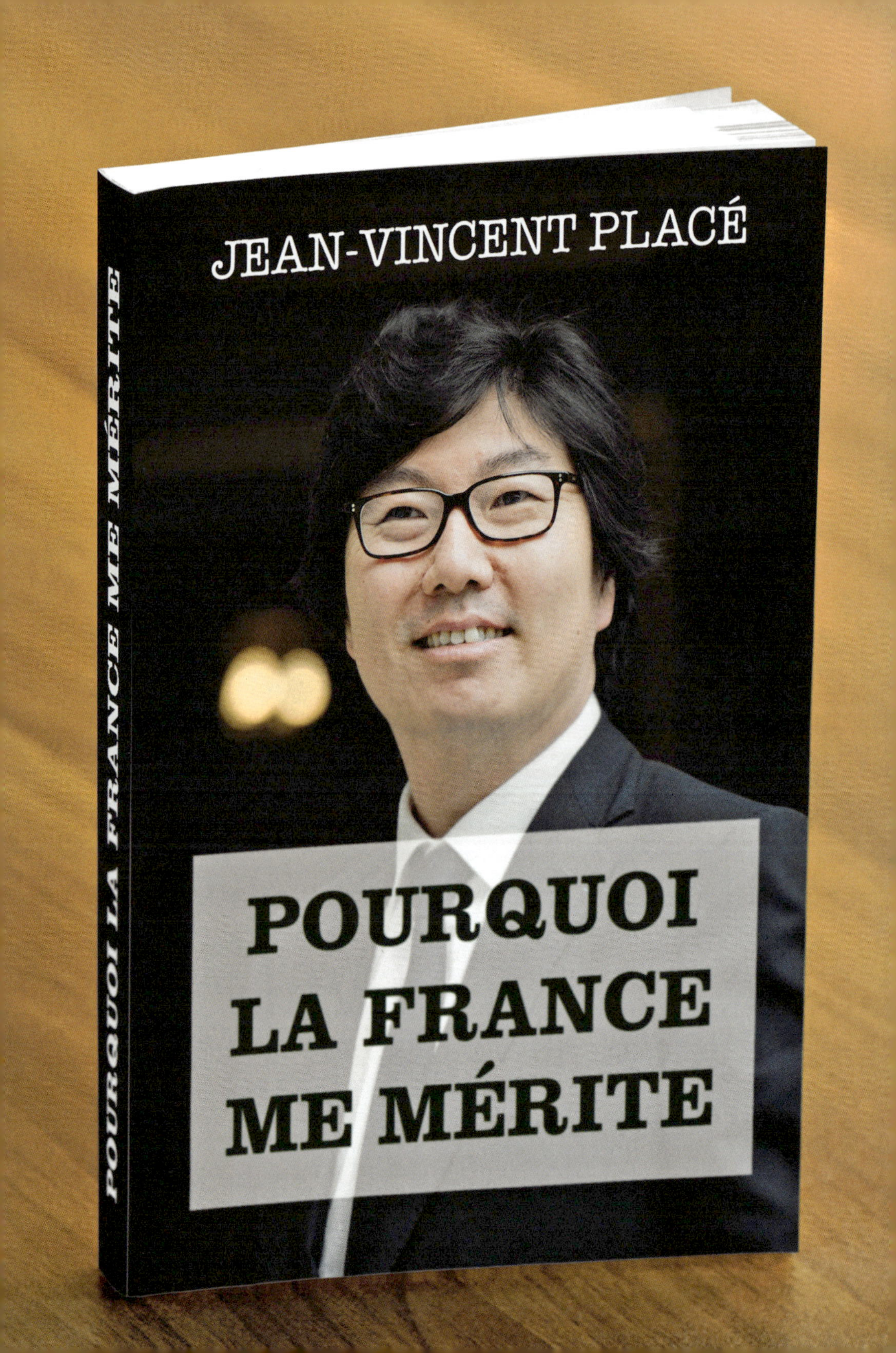
JEAN-VINCENT PLACÉ
POURQUOI
LA FRANCE
ME MÉRITE
POURQUOI LA FRANCE ME MÉRITE

HOROSCOPE 2017

Taureau

Une année pleine d'action et de rebondissements ! Ce sera l'année de tous les dangers, car Saturne ne vous aime pas depuis 2014, et l'astre compte bien prendre sa revanche sur vous cette année. Pour rappel, vous aviez insulté ses anneaux en disant qu'ils étaient *« pas ouf »*, un soir dans un pub irlandais bondé. On vous avait même renversé de la bière sur votre T-shirt.

AMOUR

Votre ex fera son retour dans votre vie vers le mois de mai. Par dépit ou par peur de la solitude, vous retenterez l'aventure. Vous n'aurez alors que ce que vous méritez : des disputes à répétition, une vie sexuelle médiocre et des kilos en trop (à cause des *« p'tits apéros du vendredi »* : ceux où vous vous bâfrez de charcuterie, de chips goût vinaigre et d'alcool bon marché… Vous êtes dégoûtants).

TRAVAIL

Sur les conseils de votre meilleur ami, vous prendrez la décision géniale de faire un job facile et bien payé : testeur de médicaments. Après trois mois, votre peau aura pris une teinte violacée et vous aurez les pieds palmés. Si on ajoute à cela l'odeur bizarre que vous avez depuis votre enfance (qui n'est pas due aux médicaments mais bien à votre manque d'hygiène), votre cas semblera désespéré. Cependant, votre transpiration aura acquis des vertus hallucinogènes et, après une bonne séance de sport, vous pourrez vendre votre sueur dans des festivals technos ou des rave-partys.

SANTÉ

Pour souffler un peu et vous refaire une santé, vous vous permettrez un tour des États-Unis pendant l'été. Malheureusement, vous serez mis en difficulté à plusieurs reprises par des mormons et des amish qui verront d'un mauvais œil la présence d'un intrus sur leurs terres… Vous devrez répondre à leurs énigmes et réussir tous les défis sportifs qu'ils vous lanceront si vous ne voulez pas finir dans *« la fosse des esclaves »*. Notre conseil : achetez une grosse moto.

Le Gorafi

www.legorafi.fr

MAI 2017

Comme première mesure, le ministre du Travail va lire l'intégralité du Code du travail... p. 112

Pour son premier acte présidentiel, l'homme qui a fait quelque chose de bien s'attaque enfin aux touristes en Birkenstock... p. 110

Donné vainqueur, l'homme qui a fait quelque chose de bien met à jour son profil Viadeo ... p. 98

Eurovision : Vladimir Poutine annonce que la Russie sera représentée par une fanfare militaire... p. 104

Bientôt une prime de 600 euros pour les députés absents qui ont une bonne excuse... p. 113

GÉMEAUX... p. 115

Pendant l'entre-deux-tours, l'homme qui a fait quelque chose de bien s'accorde un moment de détente au flipper du Café de la gare

Pour un journaliste, ce sont des scènes comme celles-là qui font tout le sel d'une élection présidentielle. Ces moments privilégiés, volés à un agenda surchargé, durant lesquels le temps semble suspendre brièvement son cours. Quand, entre deux trains, le favori inattendu à l'élection quitte pour quelques instants le rôle et la fonction pour redevenir un homme simple, que tout émerveille et qu'un rien amuse.

Moment intense, presque spirituel

Lorsque l'homme qui a fait quelque chose de bien entre dans ce troquet de Charleville-Mézières (Ardennes) pour serrer quelques mains, son regard se fixe immédiatement sur le flipper rutilant qui trône près du bar, à côté du présentoir Rapido. À cet instant précis, son aréopage de conseillers, communicantsetcourtisanscomprendqu'ilnetirera plus rien de lui pour les quinze prochaines minutes. *« Le flipper au bistrot, c'est la bulle dont il a besoin pour tenir*, confie un assistant. *Dans ces moments-là il se retire en lui-même, c'est intense, presque spirituel. »* Il faut dire que la pression est immense sur cet homme de 54 ans, propulsé en quelques semaines espoir de tout un électorat dégoûté par la politique politicienne. Hormis le « snake » sur son Nokia 8210, l'homme a peu de loisirs à portée de main. Et là, dans l'entre-deux-tours, dans l'œil du cyclone, malgré les sollicitations constantes d'une équipe toujours plus nombreuse, la solitude est permanente. *« Je n'ai plus beaucoup l'occasion de jouer au flipper, c'est vrai que ça me manque »*, confie le candidat, captivé par ce modèle au Plexiglas grêlé de brûlures de cigarettes. *« J'ai même été champion régional. Mais c'était à une autre époque... »* Un moment rare, et donc précieux, qui ne saurait être avili par le masque prosaïque du candidat en campagne. La salle est comme figée par la conscience d'assister à une scène sincère et authentique, et c'est à peine si un binôme de bénévoles ose rompre furtivement le charme en glissant des tracts sous les ramequins de cacahuètes.

Picon-bière et jambon-beurre-cornichons

Quelques minutes plus tard, le bourru patron de l'établissement lui apporte sa commande, Picon-bière et jambon-beurre-cornichons. Décontracté en apparence seulement, les mains vissées au flipper, il n'est plus le même homme tandis que la machine s'illumine, tinte de mille bruits et se cabre au rythme de ses assauts experts. *« C'est beau*, souffle le tenancier, subjugué. *Il va pulvériser le score à Riton. »* C'est chose faite moins de trois minutes plus tard : invité à saisir un nom en quatre lettres pour y associer le nouveau top score de la machine, l'homme qui a fait quelque chose de bien ne réfléchit pas bien longtemps : ce sera « BOSS ».

Car là réside en effet toute la magie de l'homme qui a fait quelque chose de bien. Venu en candidat, il repart en vainqueur. Sans grands discours, ni tours de passe-passe. Au moment de prendre congé, c'est peut-être André, du troisième tabouret à gauche, qui résume le mieux l'esprit de la salle : *« Un type qui peut aligner autant de* spinners *sur un Demolition Man 2009, c'est le président qu'il nous faut. »*

Financement occulte : le parti écologiste aurait bénéficié des largesses du zoo de Vincennes

Chez les écologistes de tout poil, c'est la déception. Le site Mediapart vient de révéler que la campagne du parti écologiste avait été financée à hauteur de 10 % par le zoo de Vincennes. Une histoire de plus qui vient ternir l'image déjà bien écornée des Verts.

*« **C'était ça ou la fermeture,*** déplore Nicolas Cracowski, le n° 2 de la direction du zoo. *On ne sait pas comment il a fait, mais Jean-Vincent Placé a réussi à rallier la majorité des animaux à sa cause… Ses origines asiatiques ont sûrement joué dans l'adhésion de Pignouf et Bouly, les pandas, mais je n'ai pas d'autre explication*

pour le reste. » Selon Mediapart, Jean-Vincent Placé aurait réussi à persuader les animaux les plus influents de se mettre en grève, pour faire pression sur la direction du zoo. Les girafes, les tigres et les singes ont lancé le mouvement en *« faisant le strict minimum face aux visiteurs »*. Apathiques, ils se contentaient de mastiquer des bouts de bois en snobant les familles venues en nombre les observer. *« Petit à petit, d'autres animaux ont suivi : les loups dormaient toute la journée, les aigles faisaient semblant d'avoir la tuberculose... La grève faisait pleurer les enfants, et les parents demandaient à être remboursés »*, continue Nicolas Cracowski.

« Les aigles faisaient semblant d'avoir la tuberculose »

Le zoo n'a eu d'autre choix que d'obéir aux desiderata des Verts. Plusieurs dizaines de milliers d'euros ont été reversés. Jean-Vincent Placé n'a pas souhaité répondre à nos questions, se contentant d'un léger sourire et d'un sifflement, comme un ultime remerciement à tous ses amis du règne animal.

DEUXIÈME TOUR : PHILIPPE POUTOU INDIQUE QU'IL NE DONNERA PAS DE CONSIGNE DE VOTE À SES TROIS ÉLECTEURS

Philippe Poutou a fait savoir qu'il préférait laisser ses trois électeurs *« libres de choisir pour qui ils voudraient voter »*. Une décision qui pourrait s'avérer lourde de conséquences quand on sait à quel point les derniers sondages sont serrés pour le deuxième tour. Le candidat du NPA a ensuite déclaré : *« L'important, c'est que l'on ait fait entendre nos idées ! »*, avant de retourner s'enfermer chez lui pour terminer d'apprendre le troisième paragraphe de son programme.

Donné vainqueur, l'homme qui a fait quelque chose de bien met à jour son profil Viadeo

C'est donc l'intéressé lui-même qui aura vendu la mèche. Donné vainqueur de la présidentielle aux premières estimations, l'homme qui a fait quelque chose de bien n'a pas souhaité attendre la proclamation du scrutin officiel par le Conseil constitutionnel pour mettre à jour son profil sur le réseau social professionnel Viadeo. Par ce geste en apparence anodin, il signe la conclusion hors normes d'une élection historique.

Un geste totalement inédit sous la Ve République

« D'où vient l'info ? », « C'est confirmé ? », « Faut absolument qu'on nique BFMTV sur ce coup-là » : une certaine confusion règne dans les bureaux parisiens d'iTélé ce 7 mai au soir. Il n'est que 19 h 30 et l'homme qui a fait quelque chose de bien, candidat surprise et grand favori de l'élection présidentielle, vient de prendre de court tous les médias du pays en annonçant, tacitement, sa victoire. *« Poste actuel : président de la République », « Entreprise : présidence de la République française, Paris, France », « Depuis : aujourd'hui »*. Trois lignes, quelques clics seulement, et tout un pays en émoi. Info, intox, erreur de bonne foi, vantardise prématurée, coup de com' ? Les théories vont bon train sur les raisons ayant poussé le probable

nouvel hôte de l'Élysée à ce geste totalement inédit sous la Vᵉ République : *« La dernière fois qu'on a eu un événement un tant soit peu comparable, c'était en 1974 »*, analyse Hugo Perrard, chercheur au Cevipof. *« Trop impatient et sûr de sa victoire, François Mitterrand a bondi en l'air et crié "youpiii !" devant tous ses collaborateurs en recevant la première estimation. Cinq minutes plus tard, il était battu par Giscard à 425 000 voix près. On n'a plus jamais vu Mitterrand sourire après ça. »*

« On m'a dit que j'avais le droit »

Friand de réseaux sociaux professionnels depuis sa dernière formation Pôle Emploi, l'homme qui a fait quelque chose de bien est convaincu du bien-fondé de sa démarche. Se voulant lucide quant à la compétitivité du secteur politique, il entend ainsi élargir son réseau, améliorer sa visibilité sur le marché du travail, et pourquoi pas obtenir quelques commentaires favorables de la part de ses collaborateurs. *« Je ne serai pas président toute ma vie,* explique l'intéressé avec clairvoyance. *Il faut penser à l'après, et l'après ça se prépare notamment avec un CV numérique soigné sur un réseau appelé à concurrencer la franc-maçonnerie. »* Interrogé à la volée par des journalistes à l'entrée du Flunch de Franconville où il s'est rendu pour fêter sa victoire en compagnie de ses proches, l'homme qui a fait quelque chose de bien ne s'est pas ému outre mesure du désarroi causé par cette proclamation à la hussarde. Paraissant ne pas voir où était le problème, il s'est contenté d'une explication sibylline pour justifier son geste : *« On m'a dit que j'avais le droit. »*

L'HOMME QUI A FAIT QUELQUE CHOSE DE BIEN ACCROCHE UN PETIT MOT SUR LA PORTE DE L'ÉLYSÉE POUR PRÉVENIR LES VOISINS DE SA PENDAISON DE CRÉMAILLÈRE

Sur un bristol à en-tête de la présidence de la République, scotché à la Patafix sur la lourde porte cochère du 55 rue du Faubourg-Saint-Honoré, le nouveau locataire du palais a tenu à ménager le voisinage de ce quartier si particulier en prévenant qu'une *« petite soirée »* se tiendrait le samedi suivant à partir de 21 heures dans le jardin, pour *« célébrer son emménagement dans les lieux »*. Dans une truculente police Curlz MT et avec force WordArt, l'homme qui a fait quelque chose de bien encourage ainsi *« tous ceux qui se trouveraient incommodés par le bruit »* à *« venir boire une coupette avant d'appeler les bleus ;) »*. Une démarche d'un naturel désarmant, que n'a toutefois pas manqué de fustiger la classe politique traditionnelle, accusant le président de la République *« d'acheter la paix sociale en conviant le contribuable à ses orgies »*.

Jean-Yves Le Drian autorisé à conserver un char Leclerc de fonction à son départ du ministère de la Défense

Particulièrement attaché à son char de combat personnel, Jean-Yves Le Drian devrait recevoir dans l'après-midi l'avis officiel de l'état-major de l'armée de terre (ÉMAT) l'autorisant à conserver le véhicule pour couler ses vieux jours dans son fief de Lorient.

Une version personnalisée du modèle Azur (Action en zone urbaine)

Il est souvent difficile pour les membres les plus éminents du gouvernement de renoncer en fin de mandat aux nombreux avantages liés à leur fonction: logement, véhicule, déplacements, frais de bouche… Le ministre de la Défense, lui, était particulièrement attaché à son blindé de 57 tonnes qu'il aimait à conduire seul, sans chef de char ni opérateur de tourelle. Ministre très apprécié de ses troupes tout au long de son passage à l'hôtel de Brienne, Jean-Yves Le Drian avait d'ailleurs reçu de l'ÉMAT une version unique du Leclerc Azur: livrée noir et blanc mouchetée d'hermine aux couleurs de la Bretagne, broderies « JYLD » sur les appuie-tête, pommeau de vitesses en acajou. Le char étant trop encombrant pour ses déplacements officiels, c'est pendant ses rares périodes de repos que le ministre pouvait laisser libre cours à sa passion pour les véhicules chenillés dans le bocage morbihannais, qu'il aimait à sillonner pour le plus grand plaisir des agriculteurs locaux: *« Un passage de M. Le Drian dans le champ et il est labouré pour l'année! »* s'exclame Guy, 62 ans.

« La caméra thermique me permettra de débusquer les taupes qui ravagent mon potager »

Le transfert du titre de propriété officialisé, Jean-Yves Le Drian devrait maintenant pouvoir réceptionner l'engin au 501e régiment de chars de combat de Mourmelon (Marne), à qui il a commandé quelques ultimes modifications en vue de son usage quotidien : pitons latéraux pour y suspendre cabas et sacs de course, galerie de toit pour les vacances en famille, et rangement supplémentaire pour le triangle et le gilet jaune réglementaire. Le reste, les consignes du futur ex-ministre sont claires, on n'y touche pas : *« L'optique embarquée et la caméra thermique de série devraient me permettre de débusquer les taupes qui ravagent mon potager depuis des mois »*, se réjouit déjà l'intéressé. Interrogé par l'AFP sur l'approvisionnement en munitions, l'ÉMAT a confirmé que l'armement restait opérationnel et que le char définitif serait livré avec trois caisses d'obus incendiaires, le ministère de la Défense faisant confiance à Jean-Yves Le Drian pour *« en user avec discernement »*.

Cannes : Laurent Lafitte crée à nouveau la polémique avec une blague sur le talent de Clovis Cornillac

Trop c'est trop ? Un an après sa plaisanterie polémique sur Woody Allen en ouverture du même festival, Laurent Lafitte a récidivé hier soir en plein direct avec une blague douteuse à destination de Clovis Cornillac, acteur déchu qui connut son heure de gloire de 2004 à 2010.

Le trublion de la Comédie-Française avait reçu des consignes claires afin d'éviter l'impair de l'édition précédente : *« Rien de personnel, rien de graveleux. »* C'est pourtant à l'exact opposé que s'est livré hier Laurent Lafitte, à nouveau maître de cérémonie cette année, en s'acharnant sur un Clovis Cornillac déjà fragilisé par un passage à vide qui dure maintenant depuis plus de six ans.

« Sacré Cloclo, va »

L'acteur, qui tourne au compte-gouttes et rarement dans de l'art et essai, a pour ainsi dire atteint le sommet de sa carrière en 2008 avec la comédie romantique *L'amour, c'est mieux à deux*.

« Bonsoir à tous, alors, on m'a dit que Clovis Cornillac était dans la salle ce soir, commence innocemment Laurent Lafitte. *T'es où mon Clovis, t'es où mon Cloclo ? Ah, je le vois ! Assis entre Norman et Kev Adams, les jeunes pousses prometteuses du cinéma français. Toujours le chic pour s'entourer des meilleurs, le Cloclo ! Suffit de regarder les grands à qui il a donné la réplique : Michèle Laroque, Jérôme Le Banner, Bruno Solo... que du lourd ! Ha, ha ! sacré Cloclo, va. »*

Alors qu'un malaise perceptible s'est déjà abattu sur la salle bondée, le maître de cérémonie persiste et signe : *« Tu bosses sur quoi en ce moment, mon Clovis ? On m'a parlé de* Brice de Nice 4, *c'est vrai ? Putain, veinard... Hé, l'oscar t'a échappé de peu pour* Poltergay *mais cette fois c'est la bonne ! Tu les choisis comment tes films, en jouant à pile ou face avec un manchot ?* »

On ne frappe pas quelqu'un qui est déjà à terre

Cette dernière pique déclenche un tollé dans l'assistance, dont une partie préfère quitter la salle par solidarité avec Clovis Cornillac. Le discours, rapidement repris sur les réseaux sociaux, a depuis suscité l'émoi en même temps qu'un début de polémique dans le petit monde du cinéma hexagonal. Beaucoup de personnalités ont manifesté leur soutien à l'acteur, dont ils saluent l'abnégation. « *On ne frappe pas quelqu'un qui est déjà à terre. Le cinéma français, c'est pas tous les jours l'Actors Studio. Il y a des rôles consternants, dégradants, des doublages de dessins animés, qu'il faut bien se coltiner pour permettre aux autres de briller*, confiait ainsi Jean Rochefort à Télérama ce matin. *Des gens comme Clovis Cornillac, Manu Payet ou Tomer Sisley s'en sont fait une spécialité, et nous les en remercions tous.* »

Eurovision : Vladimir Poutine annonce que la Russie sera représentée par une fanfare militaire

Vladimir Poutine a dévoilé ce matin tous les détails du show qui accompagnera la fanfare militaire qu'il a lui-même sélectionnée pour représenter la Russie au concours de l'Eurovision. Celui-ci se tiendra à Kiev, en Ukraine, dans quelques semaines.

Les experts en géopolitique refusent toujours de voir, dans le choix de Poutine d'envoyer des membres de l'armée russe en Ukraine, un symbole inquiétant. *« Les Russes sont fans de Mireille Mathieu. Ils ont créé les Pussy Riot »*, rappelle Alexei Kopni, spécialiste de la Russie, pour justifier *« un niveau musical très bas qui laisse largement sa chance à une fanfare militaire »*.

Fans de Mireille Mathieu

Une chose est sûre, Vladimir Poutine met les petits plats dans les grands pour obtenir une victoire qui lui est passée de peu sous le nez lors de la dernière édition de l'Eurovision. Pour cela, la fanfare devrait donc être accompagnée de plus de dix mille militaires figurants ainsi que de plusieurs centaines de chars de type MT-LB dans une chorégraphie préparée personnellement par le chef de l'État russe.

Dix mille militaires… Plusieurs centaines de chars

Le spectacle devrait aussi avoir lieu dans le ciel, puisque Vladimir Poutine envisage d'envoyer plusieurs avions de combat survoler l'espace aérien ukrainien pour soutenir la candidature de la Russie. Certains bruits de couloir du Kremlin racontent même que le président russe pourrait se rendre en personne à Kiev après la cérémonie en cas de victoire russe.

ISABELLE HUPPERT EXCLUE DU FESTIVAL DE CANNES POUR AVOIR PORTÉ UNE ROBE À MOINS DE 20 000 EUROS

Les organisateurs ont annoncé ce matin avoir renvoyé chez elle Isabelle Huppert après avoir constaté que sa robe n'était pas suffisamment onéreuse et ne respectait pas les critères du festival. L'actrice avait déjà reçu un avertissement l'année dernière pour ne s'être arrêtée que vingt minutes en bas des marches et pour avoir répondu à deux interviews de magazines de cinéma au lieu des traditionnels people.

C'est la deuxième fois que le festival prend une telle décision. En 2011, l'actrice Kirsten Dunst avait été destituée de sa récompense après être venue chercher son prix d'interprétation féminine sans porter aucun bijou.

Nouveau gouvernement : le nouveau président promet la parité entre gens honnêtes et gens malhonnêtes

Le président de la République était hier soir l'invité du 20 heures de Laurent Delahousse sur France 2. Alors qu'il doit annoncer mercredi son nouveau gouvernement, l'homme qui a fait quelque chose de bien s'est engagé à proposer une équipe respectant la parité entre ministres honnêtes et ministres malhonnêtes.

L'annonce du président faisait suite à une relance de Laurent Delahousse pour le faire rebondir sur un sondage révélant que 48 % des Français souhaitaient conserver des hommes politiques malhonnêtes. *« Il faut aller contre les idées reçues. Les gens honnêtes sont tout aussi compétents que les gens malhonnêtes »*, a-t-il répondu, avant d'annoncer la création d'un ministère de l'Honnêteté et de rassurer Laurent Delahousse sur son maintien au 20 heures de France 2.

Refusant d'employer le terme de « quotas », le président a précisé qu'il privilégiait l'ouverture et qu'il veillerait aussi personnellement à ce que le prochain gouvernement puisse compter en son sein une personne qui ne s'intéresse pas à la politique.

TEDDY RINER REMPORTE L'EUROVISION

Euphorie hier soir après cette victoire surprise ! Depuis Marie Myriam, la France n'avait plus remporté l'Eurovision, et c'est désormais chose faite grâce à Teddy Riner. Avec une chanson *« simple et efficace »* qui parle de *« bagarre »*, Teddy Riner a su convaincre le jury ainsi que le public de tous les pays d'Europe. Après le show, le champion olympique s'est fendu d'une petite déclaration : *« Quand j'ai cogné un peu le présentateur pendant ma chanson, je savais que j'aurais le public dans la poche. »*

Le nouveau président tombe dans la provocation en choisissant ses ministres en fonction de leurs compétences

Le nouveau président est-il allé trop loin ? Refusant de donner un portefeuille pour services rendus ou dans l'optique de gagner des soutiens pour les prochaines élections, il a en tout cas décidé de désigner ses ministres en fonction de leurs compétences.

Chercheurs, universitaires, acteurs de la société civile : le nouveau président a cherché uniquement à nommer à leur poste des ministres spécialistes du sujet. À l'annonce de la composition du gouvernement, plusieurs anciens ministres PS, dont Myriam El Khomri, Najat Vallaud-Belkacem, et Audrey Azoulay, ont réagi avec virulence, estimant qu'en agissant de la sorte on salissait leur honneur. Plusieurs voix parmi Les Républicains, dont celle de Luc Chatel, sont aussi allées dans ce sens, disant *« craindre l'escalade »*. Le nouveau président est également allé à l'encontre de ses prédécesseurs en ne créant pas de ministère dans l'air du temps. *« Que des ministères où il va falloir vraiment travailler, eh ben, ça va être gai ! »* s'est amusé de son côté Harlem Désir, ancien secrétaire d'État chargé des affaires européennes.

« Je me demande vraiment où on va »

Du côté des directeurs de cabinet et des conseillers ministériels, l'angoisse est palpable : *« Je ne sais pas ce qui me fait le plus peur dans ces conditions : ne pas avoir de poste ou en avoir un »*, explique l'un d'entre eux. *« Je me demande vraiment*

où on va. J'ai peur que bientôt, on nous demande de réfléchir en profondeur à nos sujets et même d'étudier les conséquences de nos propositions. On risque de ne plus avoir de temps pour gérer sa carrière », s'inquiète un autre.

Malgré le tollé suscité par son annonce, le nouveau président a ajouté qu'il comptait interdire, pour les ministres comme pour les députés, de nommer comme collaborateur un membre de sa famille. Une attaque de plus à la tradition politique qui a fait sortir de ses gonds Christiane Taubira : *« En s'attaquant à la cellule familiale, le chef de l'État cherche à démanteler un des derniers bastions de l'identité française, c'est une honte ! »*

Pour son premier acte présidentiel, l'homme qui a fait quelque chose de bien s'attaque enfin aux touristes en Birkenstock

Cent jours pour convaincre : l'homme qui a fait quelque chose de bien a inauguré ses trois mois « d'état de grâce » par l'annonce de mesures draconiennes contre le port de Birkenstock sur le territoire national. À la faveur des vacances parlementaires, un premier paquet de mesures devrait être passé sans encombre d'ici à la fin du mois d'août.

« Je vous ai compris ! » Devant la Fédération nationale des offices de tourisme de France (FNOTSI) réunie en congrès, l'homme qui a fait quelque chose de bien n'a pas eu peur de convoquer les grandes figures. L'intonation est gaullienne, mais il y a du Juppé dans l'intransigeance presque hermétique du nouveau président face au fléau des touristes en Birkenstock. En seulement cinquante ans, ces sandales allemandes ont conquis l'Occident pour devenir le symbole mondialement reconnu du tourisme débraillé et de ses dérives. Birkenstock a en effet réussi là où les Crocs ont échoué : en habillant sa laideur baba cool d'arguments orthopédiques fallacieux, l'enseigne rhénane est parvenue à se constituer une clientèle de fidèles prêts à parcourir le monde sans aucun égard pour leur apparence et l'image qu'ils renvoient d'eux-mêmes.

Le symbole du tourisme débraillé

Sauf que le secteur français ne l'entend pas de cette oreille. *« Si la France a conservé sa place de pays le plus visité au monde même après les attentats, c'est d'abord et surtout grâce à son image de marque,* tonne Jean-Louis Ridoret, secrétaire général de la FNOTSI. *Notre pays a un rôle de leader en matière de bon goût et d'étiquette. Alors oui, les troupeaux de Birkenstock chaque été, ça fait tache.* »

c'est un panzer. On est bien loin de notre bonne espadrille basque ou de notre petite Bensimon en toile. » Nonobstant les protestations allemandes, l'homme qui a fait quelque chose de bien souhaite désormais l'interdiction progressive de la vente de Birkenstock en France, avec

« C'est pas une chaussure, c'est un panzer »

Depuis deux semaines maintenant, l'homme qui a fait quelque chose de bien est donc vent debout contre la fameuse sandale, et prêt à causer un incident diplomatique pour obtenir son bannissement. L'Allemagne a en effet peu goûté ses propos tenus en marge d'un déplacement en province il y a trois jours : *« Grosse semelle, grosse boucle, gros-se lanière... C'est pas une chaussure,*

à terme la reconduite à la frontière des ressortissants étrangers qui refuseraient de se délester de leurs sandales à leur arrivée en France.

Ces mesures constitueront la première étape d'un train de mesures qui devrait culminer à la fin de l'année avec le dépôt d'un projet de résolution à l'ONU. *« Il s'agira alors de rallier le plus grand nombre de pays possible à notre cause, qui est noble et qui est juste »*, a déclaré le président dans un communiqué.

Comme première mesure, le ministre du Travail va lire l'intégralité du Code du travail

Le ministre du Travail, qui tenait sa première conférence de presse ce matin, n'a pas perdu de temps avant de dévoiler sa première mesure. Le nouveau ministre a annoncé qu'il comptait lire le Code du travail dans son intégralité.

Le nouvel occupant de l'hôtel du Châtelet a dévoilé les détails du dispositif qui l'aidera à parcourir les 3 400 pages qui composent le document. Au total, ce ne sont pas moins de 3 000 litres de café, 800 grammes de cocaïne pure, 8 punching-balls et 16 juges officiels du *Guinness World Records* qui seront mis à sa disposition pour l'aider dans son entreprise. Un bunker de 30 mètres carrés a même été construit à 400 mètres sous terre à la demande du nouveau ministre pour, selon lui, « *ne pas être dérangé et s'assurer une totale réussite* ». Il pourrait rester au total plus de trois ans isolé sous terre. Une expérience qui intéresserait même la NASA qui pourrait en profiter pour parfaire ses recherches sur les effets d'un isolement prolongé sur la calvitie. Le nouveau ministre se démarque donc de Myriam El Khomri qui s'était contentée de lire le résumé au dos de la couverture. En cas de succès, le ministre du Travail deviendrait le deuxième homme à réussir à lire le Code du travail en entier, après un certain David Farrony, inconnu qui avait sombré dans la folie après son exploit et s'était mis en tête d'adapter l'ouvrage en comédie musicale.

Bientôt une prime de 600 euros pour les députés absents qui ont une bonne excuse

Adoptée tard dans la nuit et votée en à peine vingt-huit secondes, voilà une mesure qui a mis d'accord les élus de tous bords : à partir de septembre, les députés absents à l'Assemblée pourront bénéficier d'une prime de 300 à 600 euros si leur excuse est « *plutôt valable* » ou juste « *sympa* ».

*« **C'est un pas en avant** dans la lutte contre l'absentéisme »*, assure le président de l'Assemblée nationale Claude Bartolone. *« C'est un pari sur le long terme : on pense que, petit à petit, les députés peineront à trouver de bonnes excuses, en dépit de cette petite prime, et qu'ils reviendront dans l'hémicycle. Croyez-moi sur parole. Ce n'est pas une ruse »*, affirme-t-il les doigts croisés dans le dos comme un enfant. Nicolas Godin, député PS, en parle avec franchise : *« On dit que les absents ont toujours tort, mais là, si ça nous permet de gagner 600 balles en ayant des bonnes excuses, ça motive à en trouver !* tout en ajoutant en levant les bras, les pouces tournés vers lui-même : *Qui c'est qui va partir aux Maldives la semaine prochaine ? C'est Bibi ! »*

Un comité a d'ores et déjà été mis en place pour juger de la qualité de ces excuses. Sa présidente, Philippine Boussard, tient à être ferme : *« Les excuses classiques du type "Problème de transport" ou "Je me sens tout barbouillé" ne seront pas acceptées. Il faut que les élus nous fassent rêver et qu'ils trouvent des excuses crédibles et excitantes à la fois. Une course de motos ou une bagarre dans un bar malfamé de Los Angeles par exemple. »*

D'autres projets sont en cours, comme la prime *« sans animaux »* (qui s'appliquera pour les députés qui viennent sans leur chien) ou la prime *« d'hygiène »*, qui pourra atteindre 500 euros si les députés pensent à se laver les mains après chaque repas.

EDWY PLENEL
MON COMBAT
POUR NOTRE
INDÉPENDANCE
vis-à-vis de tout ce qui
n'est pas d'extrême gauche

HOROSCOPE 2017
Gémeaux

Catastrophe ! Les Gémeaux, vous allez vivre l'*annus horribilis*. Vous irez de mal en pis. Ne sortez pas de chez vous les six premiers mois : achetez dès maintenant des dizaines de boîtes de conserve pour survivre, et ne parlez à personne. Les prévisions qui suivent tiennent compte de cet isolement préalable, et valent du mois de juillet à décembre, un point c'est tout.

AMOUR

Cette année ne sera pas un bon cru, et vous collectionnerez les râteaux. Même quand vous essaierez de « ramasser » (comme vous dites...) la personne la plus saoule de la soirée, celle-ci reprendra ses esprits dès qu'elle vous verra, juste pour vous dire NON. Il faudrait aussi remettre en question votre technique d'approche : imiter Chirac ne fait plus rire personne.

TRAVAIL

Vous décrocherez un emploi de garde forestier. Votre job consistera à patrouiller à cheval avec un fusil pour débusquer les braconniers du coin. Vous aurez une veste rembourrée avec beaucoup de poches contenant : un jeu de cartes érotique, des dés pipés, douze balles de fusil de chasse, un peigne et des cure-dents. Chaque individu abattu dans votre forêt vous rapportera 15 euros, alors ouvrez l'œil !

SANTÉ

Vous vous casserez un os au hasard. Allez chercher un jeu de cartes, et tirez une carte pour le connaître :

Si c'est un Pique, vous vous casserez le poignet ou la main (fini l'onanisme). Si c'est un Cœur, vous vous casserez le nez. Vous aurez une tête de boxeur, de gros dur. Si c'est un Carreau, vous vous casserez la jambe. On vous appellera le « Boiteux » (même si vous êtes une femme). Si c'est un Trèfle, vous vous casserez le coccyx en vous asseyant, parce que votre neveu aura retiré la chaise juste au bon moment. Il est très fort.

Le Gorafi

www.legorafi.fr

JUIN 2017

Légalisation du cannabis : 60 % des Français d'accord pour en débattre autour d'un bon joint... p. 118

Législatives : les activités préférées des Français pendant qu'ils n'iront pas voter... p. 122

88 % des Français se disent favorables à des réformes *« s'ils ne sont pas concernés »* ... p. 125

Réchauffement climatique : le nord de la France pourrait devenir habitable dès 2035... p. 126

Feria de Nîmes : un taureau indisponible remplacé au pied levé par Jean-Luc Mélenchon... p. 120

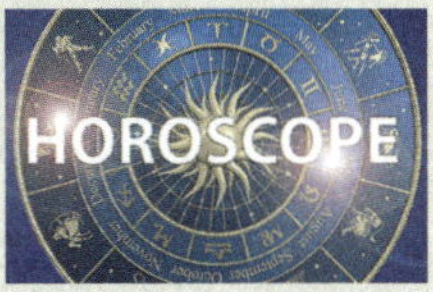

CANCER... p. 131

Légalisation du cannabis : 60 % des Français d'accord pour en débattre autour d'un bon joint

Alors que la question du cannabis pourrait devenir un des sujets centraux de la présidentielle, un sondage publié par *L'Obs* révèle que trois Français sur cinq sont prêts à aborder la question autour d'un bon joint.

L'enquête révèle également que plus de la moitié des Français sont plus ouverts au dialogue si leur interlocuteur possède des feuilles longues, tandis que 25 % tentent régulièrement d'alerter sur les dangers de la drogue même s'ils sont « *stone* » eux-mêmes.

Cédric Hamza, spécialiste en addictologie, n'est pas surpris par ce nouveau phénomène. Selon lui, la tendance à la banalisation du débat autour de la question du cannabis devrait gagner du terrain dans les prochains mois.

Banalisation de la question

Pour l'expert, la consommation de cannabis peut être une des solutions pour convaincre les opposants d'accepter de discuter du cannabis. Cédric Hamza conseille même de consommer deux grammes d'herbe en cas de débat avec une personne qui n'y a jamais goûté.

Un mois après son arrivée à la tête de l'État, l'homme qui a fait quelque chose de bien a annoncé son intention d'aborder la question lors du prochain conseil des ministres. Le parti écologiste va même plus loin en proposant gratuitement deux grammes d'herbe à chaque personne désireuse de se faire son propre avis.

ROLAND-GARROS : NOVAK DJOKOVIC PERMET À SON ADVERSAIRE D'ÉCHANGER QUELQUES BALLES POUR AMUSER LE PUBLIC

Le tenant du titre a encore fait son numéro pour amuser la galerie à Roland-Garros. Alors qu'il menait deux sets à zéro, Novak Djokovic a invité son adversaire à lui renvoyer la balle pour le plus grand bonheur des spectateurs du court central. Un geste qui va sans doute permettre au Serbe de se réconcilier avec le public parisien qui l'accusait d'avoir laissé un tennisman français perdre en cinq sets lors de son dernier match.

Feria de Nîmes : un taureau indisponible remplacé au pied levé par Jean-Luc Mélenchon

Coup dur pour les organisateurs de la soixante-cinquième Feria de Nîmes : à quelques jours du défilé d'ouverture, le désistement de Jupiter, taureau star promis à l'*encierro* – le célèbre lâcher de taureaux dans les rues de la ville – compromettait sérieusement le moment phare des festivités. Mais c'était compter sans la générosité hargneuse du leader du Front de gauche...

« Je ne voyais personne d'autre que lui »

Jean-Luc Mélenchon aura donc sauvé la Feria. Ni plus ni moins, Jean-Paul Fournier le reconnaît volontiers malgré leur évidente discordance politique. « *Tout nous oppose ou presque, politiquement*, explique le sénateur-maire (LR) de Nîmes. *Mais quand il s'agit de prendre la place d'une bête de 570 kilos pour tenter d'encorner et de piétiner tout ce qui se trouve sur son passage, je ne vois personne d'autre que lui dans le paysage politique français actuel.* » Un temps envisagé pour leur agressivité à peine contenue, Patrick Balkany et Henri Guaino ont finalement été écartés : « *Trop fourbes, trop instables,* selon Martial, un éleveur local. *Avec Jean-Luc, on est sûr que ça c hargera pleine bourre et en ligne droite !* » Il faut dire que le patron du Front de gauche a fait du coup de gueule sa marque de fabrique. Revendiquant haut et fort sa colère contre tout et tout le monde, il en est récemment venu à mordre un enfant en plein meeting pour apaiser sa fureur. « *C'est vous dire s'il est taillé pour le job !* » se réjouit Martial.

Un documentaire sur la finance internationale pour le chauffer avant l'épreuve

Le 16 mai prochain, Jean-Luc Mélenchon dévalera donc les rues nîmoises dans la plus pure tradition des *encierros* populaires. Si le règlement de l'Union des villes taurines françaises autorise la mise à la diète de l'animal quarante-huit heures avant l'épreuve afin de « *le mettre en condition* », selon les organisateurs il n'en sera aucunement besoin ici : « *D'après nos informations, son nouvel échec à la présidentielle combiné à quelques morceaux choisis d'un*

documentaire sur les dérives de la finance internationale devraient suffire à le chauffer à bloc.»

Côté coureurs, certains ont d'ores et déjà sollicité un départ avec *«quelques secondes d'avance»* afin de composer avec ce nouveau casting. La mairie, soucieuse de la sécurité de l'événement, a également annoncé la confection d'une marionnette d'Éric Zemmour, qui pourra être déployée afin de faire diversion en simulant un débat sur la sortie de la zone euro.

TEDDY RINER REMPORTE ROLAND-GARROS

Rien n'arrête le géant français Teddy Riner, qui vient de remporter le tournoi de Roland-Garros devant une foule en délire ! On attendait cette victoire depuis plus de trente ans, et le champion olympique, grâce à un jeu *« simple et efficace »*, a pu vaincre Novak Djokovic en trois sets. Teddy Riner a précisé à la fin de la rencontre : *« Un bourre-pif avant le match et c'était déjà plus le même le Yougo. »*

Législatives : les activités préférées des Français pendant qu'ils n'iront pas voter

Près d'un Français sur un a annoncé qu'il n'ira pas voter dimanche au premier tour des élections législatives. Le Gorafi s'est intéressé à ce phénomène en posant la question suivante aux électeurs : « Que comptez-vous faire dimanche à la place d'aller voter ? »

Voici les réponses des Français :
– pêcher, chasser ou torturer un animal ;
– pratiquer une activité d'intérieur en solo ;
– parler des élections et faire des pronostics puis surveiller la publication des résultats en avance sur un site belge ;
– dire du mal de Mai 68 ;
– dire du bien de Mai 68 ;
– acheter un billet d'avion sans retour à destination de l'étranger en expliquant sur son mur Facebook que de toute façon l'Europe, c'est foutu, que les Français sont tous des cons tout en likant la photo d'un contact expatrié à Montréal ;
– courir en rond autour d'un point fixe en agitant les bras ;
– faire des réserves de nourriture et de médicaments en cas d'élection surprise du candidat communiste ;
– dessiner des moustaches d'Hitler sur les photos des candidats affichés devant les mairies ;
– se réveiller à plus de 200 kilomètres de son bureau de vote sans savoir comment après une soirée trop arrosée ;
– faire une mangeoire pour oiseaux avec toutes les professions de foi des candidats ;
– se refaire toute la saison 3 de *House of Cards* ;
– observer les gens qui votent pour vérifier s'ils ne sont pas des robots contrôlés par le gouvernement.

LES DEUX CENTS FRANÇAIS QUI ONT VOTÉ CE WEEK-END DÉCIDENT DE SE RENCONTRER

Rendez-vous avait été pris dans un petit hôtel parisien. Ils étaient 203, mais la presse aime les appeler « les 200 ». Les Français qui sont allés voter lors du premier tour des législatives s'étaient donné rendez-vous hier pour se rencontrer.

Un rassemblement où il n'était en revanche pas autorisé de parler politique. Mesure prise dans le but d'éviter tout risque de conflit d'après l'homme à l'origine de l'événement Facebook.

Sujet du bac de philo : « Les études de philosophie mènent-elles directement au chômage ? »

Tous les ans, le traditionnel sujet du bac de philosophie est l'objet de toutes les attentions. Cette année ne fait pas exception à la règle, avec un sujet qui traite à la fois de la philosophie dans son ensemble et de l'avenir de la jeunesse. Reportage.

À la sortie de l'épreuve, au lycée André-Boulloche de Livry-Gargan (93), les élèves de terminale sont perplexes. Pour Benjamin, un lycéen à la peau rouge et crevassée par le Roaccutane, *« le sujet était hors programme et était plus chaud que prévu »*. En effet, ce matin à 9 heures, le sujet « Les études de philosophie mènent-elles directement au chômage ? » a créé la surprise et donné une vision pragmatique de la matière la plus importante du cursus littéraire (aussi appelé « cursus des fainéants »).

Selon Alessandro Flor, agrégé de philosophie, *« le sujet ne comportait pas de piège »* et était *« conforme aux attentes du ministère »*. Tout en réajustant son imperméable noir et son catogan (un hommage à la série Highlander), il continue : *« Au lieu du traditionnel THÈSE-ANTITHÈSE-SYNTHÈSE, il fallait simplement répondre "Oui" tout au long de la copie. C'était le seul petit piège à éviter. Qui peut décrocher un job avec une licence en philo ? Nan mais vraiment ?»*

En effet, selon un récent sondage, il apparaît que 98 % des étudiants en philosophie ne trouvent pas de travail lié de près ou de loin à la philosophie, et qu'ils finissent par changer de voie pour devenir pizzaiolo, rempailleurs de chaise, tueurs de cafards, chasseurs de primes ou encore grecquiers-kebabiers (voir schéma).

Selon le barème des correcteurs, les élèves ayant réussi à citer Socrate, Kant ou un autre philosophe décédé, tout en défendant la thèse du chômage obligatoire seront mieux notés que les autres, pour souligner *« l'ironie de la situation »*. Les résultats sont attendus dans une dizaine de jours.

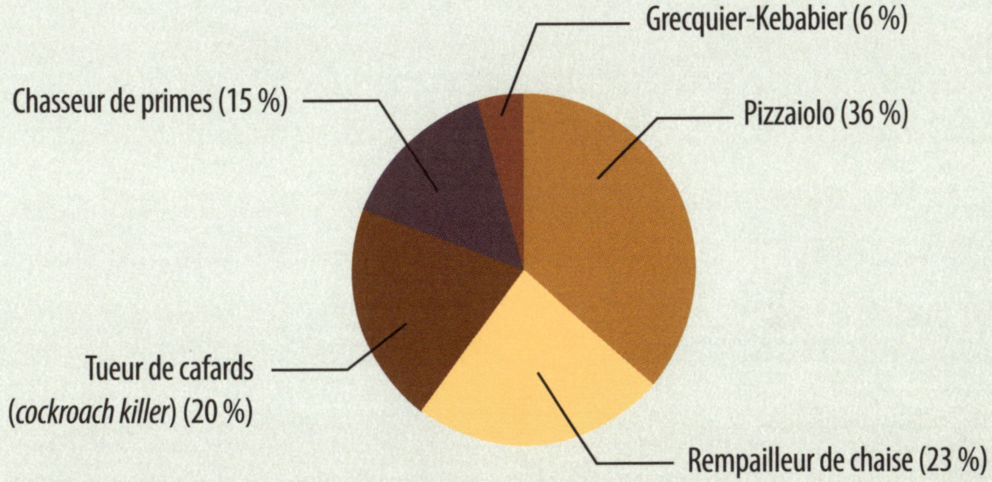

88 % DES FRANÇAIS SE DISENT FAVORABLES À DES RÉFORMES « S'ILS NE SONT PAS CONCERNÉS »

Selon un sondage paru ce matin, les Français sont donc 88 % à souhaiter des réformes à condition qu'ils ne soient pas concernés par celles-ci. Parmi eux, ils sont 32 % à déclarer être même *« très, très favorables aux réformes »* aussitôt qu'ils auront fini de rembourser leur maison. Ensuite, 18 % se disent également prêts à se consacrer davantage aux autres et à faire du bénévolat à partir de 80 ans. Enfin, 55 % affirment qu'ils soutiendront les réformes *« jusqu'au bout »*, mais en descendant quand même de temps en temps dans la rue *« pour caillasser les flics par acquit de conscience »*.

Réchauffement climatique : le nord de la France pourrait devenir habitable dès 2035

Qui a dit que le réchauffement climatique n'avait que des mauvais côtés ? Plusieurs experts du climat estiment que l'Homme pourra habiter dans le nord de la France d'ici à 2035.

D'après les experts, les hommes pourraient même envisager de s'installer au-dessus de la ville d'Amiens dès 2020. Une hypothèse corroborée par des relevés satellites qui confirment une hausse des températures et la présence de terres cultivables émergées dans la zone.

S'installer au-dessus d'Amiens

Toutes les expéditions qui s'étaient risquées à explorer les territoires encore vierges au siècle dernier avaient pourtant confirmé la présence d'eau liquide en trop grande quantité pour permettre le développement d'une vie humaine sur le longterme.

Si l'hypothèse de coloniser le nord de la France dans un futur proche semble faire l'unanimité aujourd'hui, celle d'y rencontrer une forme de vie intelligente divise encore la communauté scientifique.

Coloniser le nord de la France dans un futur proche

Le président pourrait envoyer une nouvelle expédition dans les prochains mois sur la zone pour effectuer des relevés scientifiques. Une première depuis l'abandon du programme qui avait vu l'homme fouler pour la première fois le nord de la France à la fin des années 1970.

BRÉSIL : NEUF MOIS APRÈS LES JO, RECONVERSION RÉUSSIE DU PARC OLYMPIQUE EN FAVELA

Délogés sans ménagement par le gouvernement en vue de la création du parc olympique, les habitants de la Vila Autódromo, favela de l'ouest de Rio, ont calmement repris possession des lieux. En l'absence de retombées économiques réelles pour le pays, ou de véritable changement de politique sociale ou urbaniste, le maire de la ville a simplement déclaré dans son allocution annuelle aux forces de l'ordre que *« les confrontations pouvaient reprendre leur cours normal »*.

La jugeant anxiogène, le président remplace la sirène du 1er mercredi du mois par un tube de George Michael

C'en est bel et bien fini de la sirène d'alerte aux populations, héritée de la défense passive de la Seconde Guerre mondiale. Ou, plutôt, c'est la tonalité qui va changer : les trois cycles d'alarme modulés à 380 hertz vont être progressivement remplacés par « Careless Whisper », tube de George Michael sorti en 1984.

Encore une promesse électorale tenue. Moins de deux mois après sa prise de fonction, l'homme qui a fait quelque chose de bien s'est attelé à la refonte du Réseau national d'alerte, devenu récemment le Système d'alerte et d'information des populations (SAIP).

Un rituel dépoussiéré

Partant des résultats d'une enquête de 2013 qui montrait que 78 % des Français n'étaient pas au fait de la conduite à adopter lorsque retentissent les sirènes hors essais, le président s'est donc attaché à dépoussiérer le rituel en le rendant plus mélodieux, plus dansant, bref, moins irritant et anxiogène. Le choix du morceau à diffuser n'a pas été aisé : entre questions de droits d'auteur et veto de certaines préfectures, l'exercice a parfois confiné à l'arrachage de cheveux pour le groupe de travail gouvernemental créé pour l'occasion. *« Il fallait quelque chose de suffisamment "groovy", mais pas non plus un morceau trop populaire »*, explique Hubert Philippon, chargé de mission « patrimoine musical national » au sein de cette *task force* de 8 personnes. *« En effet, il faut savoir que le morceau, pour apprécié qu'il peut être de tous à l'origine, sera inévitablement sacrifié à la longue.*

C'est comme la musique que l'on programme en réveil sur son téléphone : on peut l'adorer à l'origine, mais, trois mois plus tard, on n'en supporte même plus les premiers accords. »

De nombreux morceaux envisagés, de Rohff à Philippe Katerine

Il fallait donc, pour remplacer l'antédiluvienne sirène, quelque chose de sympathique, consensuel, mais auquel les citoyens ne sont pas trop attachés : *exit* donc les Johnny, Starmania ou Céline Dion. Le groupe de travail s'est alors tourné vers des productions appréciées des Français, sans avoir pour autant la charge affective d'un « Allumer le feu » ou d'un « Alexandrie Alexandra » : Francis Cabrel, Michel Berger, William Sheller et Laurent Voulzy ont ainsi été envisagés, mais la douceur nostalgique de leurs compositions ne collait pas suffisamment à ce que doit être une alarme avertissant d'une catastrophe naturelle ou d'une attaque de grande ampleur. À l'inverse, il a été rapidement considéré que les morceaux d'un Kaaris ou d'un Rohff ajoutaient à la panique, tandis que du Jean-Michel Jarre ou du Philippe Katerine plongeait les populations dans une perplexité désemparée.

Lors de tests menés grandeur nature dans un village de Moselle pendant l'été, il est finalement apparu que c'est la pop anglaise qui satisfaisait le mieux à ces multiples critères. Au terme de nombreux *blind-tests*, « Careless Whisper » a remporté la mise en août, coiffant Elton John, Amy Winehouse et les Sugababes au poteau. C'est donc le tube sensuel de George Michael qui sera bientôt diffusé tous les premiers mercredis du mois à partir des 4 500 sirènes réparties sur le territoire national, et ce jusqu'en 2027 où une nouvelle sélection aura lieu.

Brice Hortefeux
Les Arabes expliqués
à ma fille

HOROSCOPE 2017

Cancer

Une année compliquée où la solitude et le désir d'en finir seront chaque jour au rendez-vous. Cependant, vous ne vous laisserez pas abattre, et vous commencerez même à prendre goût à l'échec systématique de tout ce que vous entreprenez. Un bien bel exemple de détermination pour la génération suivante.

AMOUR

Fin-avril, sur les bons conseils de Christine Boutin, vous aurez « un rapport sexuel non protégé » avec votre cousin. Malheureusement, cette histoire ne durera pas, car vous ne serez pour lui qu'un « coup d'un soir ». Il reprendra son poste d'agent immobilier dans le sud de la France, et ne répondra plus à vos SMS. Vous aurez beau mettre son parfum préféré du Monoprix (Scorpio) lors des réunions de famille, il fera comme s'il ne s'était jamais rien passé.

TRAVAIL

Vous vous lancerez enfin dans la chanson. Vous écrirez des textes « doux-amers qui parlent des petits tracas du quotidien » avec des titres comme « Ma pizza a du retard », « Les lacets qui se défont », ou « Le chien du voisin aboie tous les soirs et ça m'empêche de faire des bonnes nuits de huit heures ». Votre album comportera onze ballades piano-voix, durera 183 minutes, et s'appellera *Ma Dépression*.

SANTÉ

Après avoir lu un article « santé » sur les secrets beauté des stars, vous déciderez de vous badigeonner le corps de sauce soja chaque soir, en pensant très fort que vous êtes un maki California. Cette méthode – qui a fonctionné pour Jean Reno par exemple, durant le tournage des films *Wasabi* et *Godzilla* – vous affectera sur le long terme. Vous ferez régulièrement le même cauchemar : celui d'être déposé avec d'autres makis dans le buffet du chinois/japonais à volonté d'Issy-les-Moulineaux. Celui à 16,90 euros, pas celui à côté de la nationale.

Le Gorafi

www.legorafi.fr

JUILLET 2017

À la sortie de l'ENA, les politiques devront désormais suivre un stage de déradicalisation… p. 142

Dopage interdit : les organisateurs annoncent que les coureurs auront six mois pour terminer le Tour de France… p. 136

La disparition de la précarité en France permet enfin la dissolution des Enfoirés… p. 138

Emmanuel Macron blacklisté par le milieu bancaire pour avoir participé à un gouvernement de gauche… p. 139

Fin de la crise : un agriculteur s'achète enfin le magnétoscope de ses rêves… p. 140

LION… p. 147

Le nouveau président s'octroie seulement trois jours de vacances au Formule 1 de Pontault-Combault

Tenant à être exemplaire dans tous les domaines, l'homme qui a fait quelque chose de bien a indiqué qu'il consacrerait son été à réformer la France et qu'il veillerait à éviter les dépenses inutiles. Ses vacances se résumeront donc à un long week-end au Formule 1 de Pontault-Combault.

*« **Je ne veux pas rater** mon rendez-vous avec l'Histoire en prenant des vacances onéreuses »*, a expliqué le nouveau président tout en cousant l'ourlet de son pantalon juste après avoir rapiécé son blazer au niveau du coude. *« Et d'ailleurs, pour coûter moins d'argent à l'État, j'effectuerai désormais tous mes courts*

déplacements en trottinette », a-t-il ajouté en dégustant un sandwich jambon-emmental.

« Mes courts déplacements en trottinette »

L'homme qui a fait quelque chose de bien tient également à montrer l'exemple en matière de pollution atmosphérique. Ainsi, si jamais il devait, pour effectuer de longs déplacements, prendre la voiture, il n'utiliserait pas d'essence mais fabriquerait lui-même le carburant à base de colza, d'urine de jument et de Danette. *« Un mélange qui a déjà fait ses preuves puisqu'il m'a permis d'atteindre les 20 000 kilomètres sur ma Citroën Axel »*, a précisé le président.

En ce qui concerne les activités qu'il pratiquera pendant ses vacances, là encore, le président tient à se garder de tout excès puisqu'il a prévu de s'adonner uniquement aux excursions en groupe incluses dans le séjour, à savoir la visite guidée du centre commercial des Quatre Chênes et la promenade en barque sur le parking de la cité de l'Ocil. Toutefois, il a indiqué qu'il ne s'interdirait pas tout extra et envisagerait même, samedi soir, de s'offrir un petit plaisir en se payant un Oasis tropical à la machine à boissons du hall d'entrée. Un écart qui pourrait bien faire jaser.

CANICULE : TROIS TOURISTES ANGLAIS RETROUVÉS À POINT SUR UNE PLAGE VENDÉENNE

L'affaire fait grand bruit outre-Manche depuis que trois touristes ont été retrouvés brûlés au premier degré sur une plage de Vendée. Hospitalisés dans un état *« moyen bof »*, les trois victimes présenteraient d'après les médecins des lésions équivalentes à une exposition de vingt minutes dans un four réglé thermostat 6, autrement appelée *« cuisson à point »*. Les médecins précisent que leurs jours ne sont pas en danger et que les trois touristes devraient seulement s'en sortir avec un aspect vanille-fraise pendant quelques jours.

Dopage interdit : les organisateurs annoncent que les coureurs auront six mois pour terminer le Tour de France

Dans l'optique de l'éradication définitive du dopage, les organisateurs du Tour de France ont annoncé aujourd'hui de nouvelles mesures. Afin que tout le monde puisse terminer le Tour en bonne santé et sans transfusion sanguine ni EPO, les coureurs bénéficieront de six mois pour terminer le Tour.

Le moins que l'on puisse dire est que les organisateurs n'ont pas lésiné sur les moyens afin de garantir un Tour propre. Les vingt et une étapes de ce tour 2017 seront en effet de 25 kilomètres chacune et, à tout moment, il sera possible pour les coureurs de prendre sur leur guidon un coéquipier trop fatigué pour terminer l'étape.

Les sprints à l'arrivée seront remplacés par des séances d'étirements ou de relaxation et les contre-la-montre pourront s'effectuer en voiture pour laisser le temps aux organismes de récupérer. Enfin, dans les étapes de montagne, les spectateurs présents le long de la route auront la possibilité d'utiliser leur camping-car pour remorquer les coureurs dans les cols.

Le temps que tous les produits interdits contenus dans leurs corps soient peu à peu éliminés, les coureurs auront, en revanche, toujours le droit de pédaler la nuit pour éviter les arrêts cardiaques. Le cyclisme n'est évidemment pas le seul sport touché par ces nouvelles mesures destinées à

lutter contre le dopage. Au tennis par exemple, la fédération a déjà annoncé que le cinquième set serait remplacé par un Jokari. Enfin, en athlétisme, sur 100 mètres, pour garantir un minimum de spectacle, les sprinteurs seront autorisés à être éjectés au départ de la course par un canon à propulsion.

VAR : UN GIGANTESQUE INCENDIE DÉTRUIT 130 HECTARES DE PROMESSES DE CAMPAGNE

Plus d'une centaine d'hectares de promesses de campagne, entreposées dans une pinède de l'Estérel en attendant la présidentielle de 2022, ont été détruits dans un gigantesque feu de forêt qui commence à peine à être maîtrisé. « *Il ne reste rien,* a déclaré Brice Desmet, commandant du SDIS de Toulon. *Pour l'heure, nous avons simplement une bribe de promesse sarkozyste de nouveau bouclier fiscal, mais ça paraît dur à croire.* » L'hypothèse criminelle n'est pas exclue.

La disparition de la précarité en France permet enfin la dissolution des Enfoirés

Les bonnes nouvelles s'accumulent ces derniers temps puisque, après le plein emploi et la disparition quasi définitive de la précarité, les Enfoirés ont annoncé ce matin leur dissolution.

Interrogés sur la fin de cette aventure « musicale », beaucoup d'anciens nécessiteux s'avouent soulagés, même s'ils reconnaissent guetter dans l'angoisse les intentions de Francis Lalanne. *« J'ai retrouvé du travail depuis un mois, mais* *il y avait toujours cette tache dans ma vie d'avoir favorisé la renommée de ce groupe en mangeant aux Restos du cœur* », confie Cédric, 41 ans.

« *Être pauvre et devoir les subir, c'était un peu comme une double peine ; là j'ai l'impression de retrouver un peu de dignité* », surenchérit Jeanine, 59 ans. « *Les gens qui n'ont pas connu ça ne peuvent pas s'imaginer la honte que cela représente et surtout la difficulté de l'annoncer à ses proches. Mais ça y est, c'est fini, d'ici deux ans, tout le monde les aura oubliés* », espère René, 62 ans. Un espoir que caressent également beaucoup d'anciens dépressifs, puisque leur nombre sans cesse moins important menacerait la carrière de Mylène Farmer.

Du côté des Enfoirés, on se dit déçu de devoir mettre fin à cette belle aventure au service de la notoriété. Mais la plupart d'entre eux souhaiteraient d'ores et déjà s'engager dans d'autres œuvres caritatives, comme Zaz, qui nous explique, confiante, qu'« *il y a sûrement d'autres causes à récupérer* ».

Emmanuel Macron blacklisté par le milieu bancaire pour avoir participé à un gouvernement de gauche

Après son passage en politique, le retour aux affaires d'Emmanuel Macron ne semble pas se passer comme prévu. L'ancien ministre de l'Économie rencontrerait en effet des difficultés pour retrouver un poste dans le secteur bancaire à cause de sa participation à un gouvernement de gauche.

Alors qu'Emmanuel Macron ne cesse de clamer qu'il a été trompé et ne faisait que donner un coup de main à un gouvernement dont il ignorait qu'il était socialiste, selon ses propres déclarations, aucune banque n'a encore accepté de le recevoir pour étudier son dossier. « *Emmanuel a déshonoré toute la profession. Il ne mérite même pas de travailler à la poste* », a déclaré le président de la banque Goldman Sachs joint par téléphone. Autre réaction, celle de Jean-Jacques Goldman, qui a déclaré ne pas être concerné par cette histoire et ne plus vouloir être dérangé.

Fin de la crise : un agriculteur s'achète enfin le magnétoscope de ses rêves

Grâce à la limitation des marges des grandes surfaces et à la relance de l'agriculture locale, certains agriculteurs commencent à manger à leur faim et d'autres, comme Michel, 52 ans, qui vient d'acheter un magnétoscope, ont même pu voir un de leurs rêves se réaliser.

Après avoir triplé son salaire en touchant pendant deux mois de suite l'équivalent du SMIC, Michel a donc pu réaliser un rêve vieux de plusieurs décennies. Lui qui avait réussi à récupérer quelques VHS au marché du coin n'avait jamais eu jusque-là la possibilité de visionner *Bloodsport* ou *Beethoven*. C'est désormais du passé : *« Il faut que j'en profite car on ne sait pas combien de temps ça va durer »*, confie-t-il, faisant référence à l'avertissement adressé par Bruxelles à la France, lui reprochant notamment de *« surpayer les agriculteurs »*. Michel récolte ainsi le fruit de nombreuses années de labeur. *« Après avoir travaillé seize heures par jour pendant trente ans, j'ai l'impression que ce n'est pas totalement volé même si parfois je culpabilise un peu de gagner autant d'argent »*, confie-t-il. En attendant, il envisage l'avenir avec sérénité et songerait même à s'accorder une semaine de vacances d'ici à la retraite, bien que cette idée le gêne encore un peu : *« J'ai peur que les autres agriculteurs me traitent de "feignasse" »*, avoue-t-il. Les agriculteurs ne sont pas les seuls à bénéficier de la nouvelle embellie de l'économie française. Grâce à l'augmentation du pouvoir d'achat, plusieurs journalistes de presse écrite ont récemment pu acheter un sac de billes et un Tamagotchi à leurs enfants.

Un journaliste de BFM retrouvé mort après avoir tenté un duplex dans un incendie de forêt

Il était un des plus grands espoirs du journalisme de la ville de Charleville-Mézières. Joris Boudaud a trouvé la mort cet après-midi alors qu'il tournait en direct un sujet sur l'incendie qui ravage la Côte d'Azur depuis une semaine.

Joris Boudaud travaillait comme reporter d'images depuis deux ans pour la chaîne et s'était fait remarquer pour ses sujets audacieux en immersion. Le journaliste était à l'origine du BeaujolaisLeaks, affaire qui avait révélé l'existence de traces de beaujolais ancien dans le beaujolais nouveau. Il s'agit là du troisième journaliste perdu par la chaîne cette saison, après la mort d'un premier reporter qui tentait un duplex depuis un torrent en crue et celle d'un stagiaire envoyé pour couvrir la tournée de JoeyStarr.

À la sortie de l'ENA, les politiques devront désormais suivre un stage de déradicalisation

Le Sénat a adopté hier à l'unanimité la proposition de loi visant à instaurer un stage obligatoire de déradicalisation pour les politiques à la sortie de l'ENA. Le Gorafi s'est procuré en exclusivité les premières informations sur la nature de ce stage.

Chapeauté par Jacques Delors et Lionel Jospin, ce stage se veut avant tout pratique : *« À l'ENA, ils ont assez entendu de discours comme ça, ce dont ils ont besoin quand ils sortent, c'est de concret »*, explique François Léotard, l'un des animateurs. Au programme, donc, beaucoup d'exercices visant à développer le sentiment d'humanité des politiques afin qu'ils ne pensent pas qu'à leur carrière. *« L'idée est que les candidats au stage soient capables, quand ils sortent, d'être aimables avec des gens qui ne sont pas nécessairement des électeurs potentiels »*, explique Jacques Toubon, un des autres animateurs, avant d'ajouter : *« Et, pour les meilleurs éléments, pourquoi pas imaginer de commencer à développer une ou deux convictions ? »*

Le stage proposera donc des ateliers variés et ludiques aux lauréats de l'ENA comme « Apprendre à résister aux lobbies », « Comment mettre moins de vingt minutes à répondre à une question » ou encore « S'exercer à la poignée de main franche et bannir la main molle ». Les activités, dans ces ateliers, seront avant tout pratiques et pourront consister, par exemple, à refuser les bouteilles de grands crus et les invitations aux restaurants des animateurs, apprendre à faire des phrases qui ne commencent pas par « La vérité, c'est que » ou « Les Français en ont marre », mais aussi avoir sous les yeux un sondage d'opinion et parvenir à regarder ailleurs pendant près de dix secondes. Si l'idée semble, de prime abord, très séduisante, Lionel Jospin a tenu à mettre en garde contre tout excès d'euphorie et a déjà prévenu que les rechutes, à la sortie du stage, risquaient fort d'être *« fréquentes »* voire *« irrémédiables »*.

TEDDY RINER REMPORTE LE TOUR DE FRANCE

Teddy Riner s'était inscrit au Tour de France *« pour voir »*, et sa curiosité a payé ! À force d'efforts et de détermination, le champion olympique français a su déployer une technique *« simple et efficace »* sur la petite reine et remporter avec brio cette épreuve mythique. Avec une *« bonne semaine et demie d'avance »* sur les autres coureurs, Teddy Riner a eu tout le loisir d'expliquer sa victoire avec ses mots à lui : *« Quand j'ai menacé de casser les genoux de ces demi-portions, ils ont compris que fallait ralentir. »*

Le militant Greenpeace qui voulait vivre un mois comme un thon rouge meurt pêché et découpé sur un chalutier japonais

***« Tony était un original. On ne comprenait pas toujours ses méthodes, mais il va nous manquer. »* Adepte du coup d'éclat et des actions coups de poing pour faire passer son message, Greenpeace pleure aujourd'hui l'un des siens, pêché, congelé et conditionné accidentellement au large des côtes japonaises il y a trois jours.**

Il se faisait appeler « An-thon-y »

Anthony Gates, Québécois de 27 ans, s'était lancé le défi de vivre un mois en haute mer à la manière d'un thon rouge, pour protester contre la surpêche qui frappe cette espèce plus durement chaque année. Il avait consacré plus de 3 500 euros à ce projet en ponctionnant tous les mois sur son maigre salaire d'hôte d'accueil à SeaWorld. C'est son scaphandre en forme de thon, surtout, qui lui avait coûté le plus cher : armature en polystyrène aggloméré, revêtement en Néoprène et même un système de ballasts et de schnorkel pour évoluer en plongée à 40-50 centimètres sous la surface. L'engin carburait à l'huile de coude, avec un pédalier qui permettait à « An-thon-y » – comme il en était venu à se surnommer – de se déplacer de 20 kilomètres par jour par bonne mer. Un filtre placé dans la « bouche » du submersible, agissant comme des fanons, lui procurait suffisamment de sardines, de plancton et de crevettes pour se sustenter durant la totalité du voyage, à la manière d'un véritable thon rouge. *« Il a toujours eu le sens de l'immersion complète, il voulait vivre les choses à fond,* se souvient, ému, son grand frère Billy. *À 13 ans, il a passé toutes les vacances d'été à vivre suspendu à une branche, à la façon d'un paresseux. Deux ans plus tard, il creusait 4 kilomètres de galeries sous la maison pour tenter d'intégrer une colonie de termites. »*

Capturé en tentant d'éviter une méduse

Au regard d'un tel savoir-faire et d'un tel niveau de préparation, qu'a-t-il bien pu se passer dans la nuit du 5 au 6 juin pour que l'expérience tourne court ? Les premiers éléments de l'enquête diligentée par les gardes-côtes japonais indiquent que Tony, qui d'après son journal de bord était enfin parvenu à rejoindre un banc de *Thunnus orientalis*, aurait été pris dans les filets d'un chalutier japonais en tentant d'éviter une méduse. Assommé, évidé, jeté en chambre froide et conditionné à quai en vue de son assaisonnement, le jeune homme aurait alors connu le sort atroce contre lequel il souhaitait protester.

Interrogé hier sur les circonstances de cette mort et de cette prise pour le moins originale, le capitaine a expliqué que, après deux ans de pêche au large de Fukushima, il avait vu *« suffisamment de trucs bizarres »* pour ne plus hésiter devant si peu.

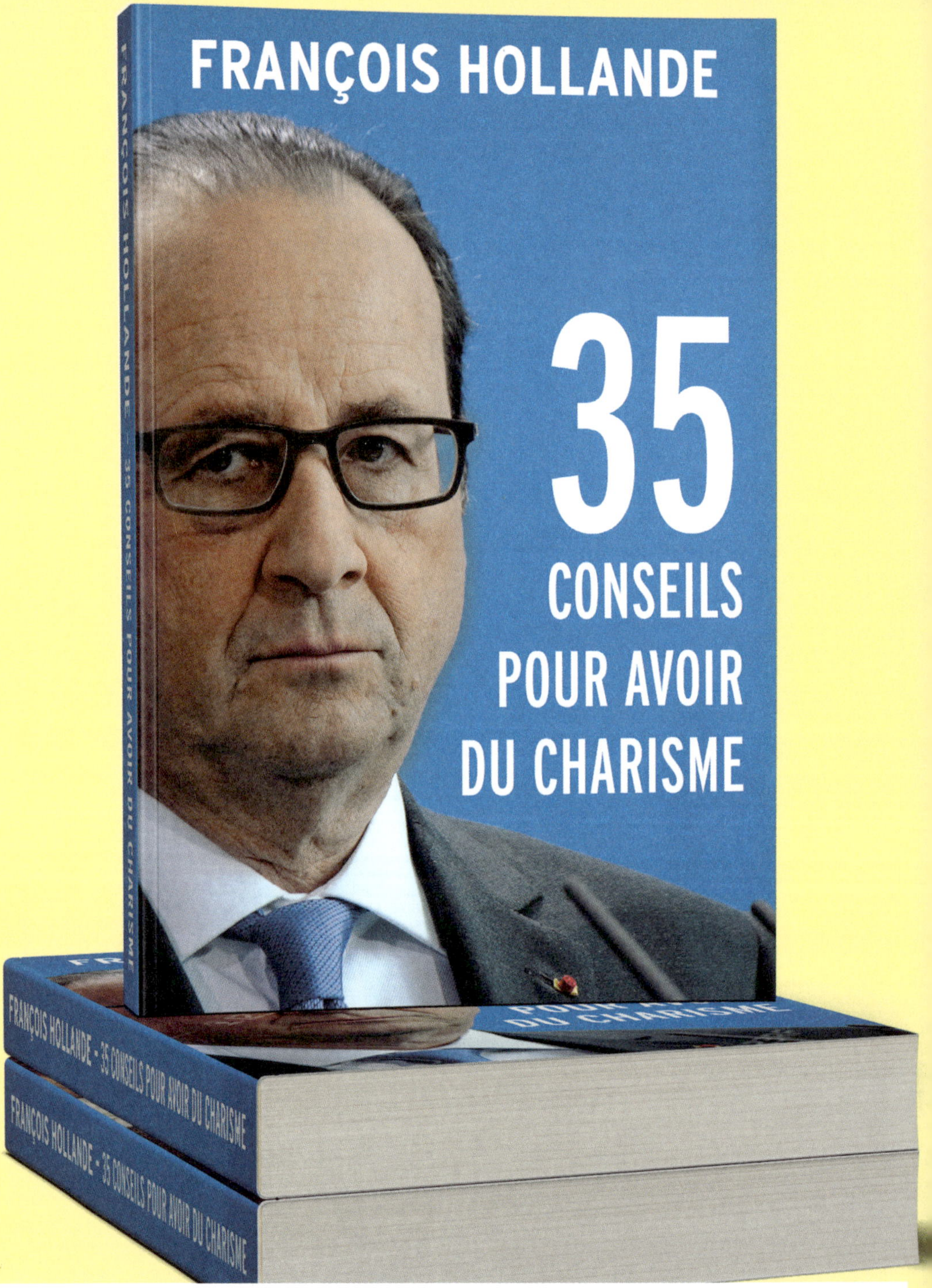

LE BEST-SELLER DE L'ÉTÉ

HOROSCOPE 2017

Lion

Une année pleine de mauvaises surprises. Vous aurez chaque semaine l'espoir de devenir quelqu'un de meilleur, mais vous serez cinquante-deux fois déçu. Et ne comptez pas sur les autres pour vous remonter le moral, car tout le monde a une dent contre vous. La preuve : vous fêterez votre anniversaire au bar PMU Le Saint-Claude et personne ne viendra. Bien fait.

AMOUR

Vous essaierez de changer de look en pensant que les cheveux gras sont à la mode. Les échecs amoureux seront nombreux, mais des épiciers plus malins que les autres vous proposeront de presser vos cheveux pour en récupérer l'huile (qu'ils vendront 6 euros dans une petite bouteille en verre). Cela vous fera un peu d'argent de poche pour acheter vos friandises préférées : les tripes.

TRAVAIL

Après avoir fait jouer votre réseau tout en couchant avec les bonnes personnes, vous parviendrez enfin à décrocher ce job très convoité de caissier à McDonald's. C'est non sans fierté que vous afficherez votre réussite auprès de votre entourage en exagérant parfois vos chiffres ou vos compétences (« Aujourd'hui j'ai vendu douze Big Mac ! » et autres « Les *sundaes*, c'est mon rayon », par exemple). C'est votre arrogance qui vous empêchera d'évoluer comme manager.

SANTÉ

En début d'année (janvier-février), vous vous battrez avec un marabout parce que vous ne serez pas d'accord sur les paroles de « L'Aziza » de Daniel Balavoine. Il vous jettera un sort, et, à partir du mois de mai, votre pilosité gagnera en puissance. Elle deviendra rapidement plus abondante et difficile à éliminer. Vous devrez aller chez le toiletteur chaque mois pour débroussailler votre pubis. Ce sera un moment très gênant, car les autres chiens vous regarderont, l'œil moqueur.

Le Gorafi www.legorafi.fr

AOÛT 2017

L'émission « Motus » déprogrammée suite à une nouvelle baisse du chômage... p. 160

L'homme qui a fait quelque chose de bien réconcilie Israéliens et Palestiniens autour d'une bonne blanquette maison... p. 152

« Paris, Paris, on t'ennuie ! », le nouveau chant très poli des supporters marseillais ... p. 154

Ryanair casse encore les prix en soudant des ailes et un réacteur à des wagons à bestiaux... p. 156

Disparu en juin 2016, « l'esprit Canal » retrouvé la tête dans un sac plastique sur un site Bolloré au Cameroun... p. 162

VIERGE... p. 165

Politesse : six mois avec sursis pour l'homme qui avait bousculé quelqu'un sans dire pardon

Il s'appelle Antoine Mouchnino, et il a été reconnu coupable. Pressé par son emploi du temps, il a osé bousculer un quidam dans une rame de métro, sans même présenter ses excuses ou avoir un mot gentil. Jugé en comparution immédiate, il a écopé de six mois de prison avec sursis et de 2 500 euros d'amende. Voilà un jugement qui lui apprendra la politesse.

Pour Antoine Mouchnino, *« c'est une décision sévère mais juste »*. Ce Parisien de 24 ans reconnaît avoir agi *« dans la précipitation et sans faire attention aux gens qui l'entouraient à ce moment-là »*. Grossière erreur. Après avoir bousculé Gilles Delpierre, un retraité hydrocéphale de 68 ans, Antoine Mouchnino a simplement *« remis ses écouteurs en place pour mieux écouter Booba »*. Une action qui a choqué tous les passagers (sans pour autant qu'ils interviennent bien sûr). La victime, elle, s'est dite satisfaite du jugement. En effet, la seule passion de Gilles Delpierre est de *« prendre le métro pendant les heures de pointe, quand les rames sont blindées »*, car cela lui permet d'avoir *« un contact physique avec toutes sortes de gens, et leur souffler dans la nuque ou dans l'oreille, ce genre de choses »*. Le choc psychologique lié à l'impolitesse d'Antoine Mouchnino est resté ancré en lui pendant plusieurs jours. Plusieurs jours pénibles, où il est resté cloîtré chez lui à lire *« des romans érotiques »*.

Aujourd'hui, Gilles Delpierre a pu retrouver sa vie normale grâce à la

condamnation du jeune Parisien. *« Savoir qu'il va payer pour son geste, ça me fait du bien. Un peu comme quand on me caresse ma bosse crânienne »*, a déclaré le retraité en sortant de chez lui à 17 h 45 pour aller prendre la ligne 13 du métro. C'est une nouvelle journée qui commence pour lui, sous le signe de la contraction physique et des odeurs de sueur des autres voyageurs.

EMMANUEL MACRON SIGNE UN CDD D'ÉQUIPIER CHEZ QUICK

C'est la fin de la galère pour Emmanuel Macron. En reconversion dans le secteur de la restauration, l'ancien ministre de l'Économie vient de terminer sa période d'essai et donc d'être embauché comme équipier dans un établissement du groupe Quick situé en banlieue parisienne. Emmanuel Macron aurait signé un contrat d'une durée de deux mois pouvant évoluer sur plusieurs autres contrats à durée déterminée de deux mois. Il travaillera donc seize heures par semaine ainsi que trois week-ends par mois.

L'homme qui a fait quelque chose de bien réconcilie Israéliens et Palestiniens autour d'une bonne blanquette maison

Inscrite depuis 2010 au patrimoine culturel immatériel de l'humanité, la gastronomie aurait-elle également des vertus diplomatiques ? À n'en pas douter, si l'on considère qu'un bon plat bien de chez nous vient de réussir là où tout le monde a échoué depuis 1948.

Pas de vin blanc dans la sauce

La rencontre, qui se voulait historique, avait pourtant mal commencé. Ni Benyamin Netanyahou ni Mahmoud Abbas ne semblaient disposés à céder d'un pouce, préférant jouer au roi du silence, retirés chacun dans un coin de la galerie des Glaces de Versailles. Envolées les bonnes intentions, disparues les promesses de compromis. Seul au centre de l'immense table, les deux traducteurs respectifs ayant préféré se retirer dans le parc pour en venir tranquillement aux mains, l'homme qui a fait quelque chose de bien ne cache même plus sa frustration : il voulait être Clinton à Camp David, il ne sera que John Kerry dans les Yvelines. De guerre lasse, le président décide à 19 heures d'en finir avec cette journée dont il n'attend plus rien. Autant passer à table. Mais il n'est pas d'humeur à sonner la préparation du fastueux dîner officiel prévu, avec son protocole et ses interminables salamalecs. « *Méritent même pas une corbeille de pain, ces deux cons-là* », l'entend grommeler un majordome alors qu'il se dirige vers les cuisines. Ce sera une blanquette de veau, celle de sa grand-mère : poitrine braisée, pommes de terre grenailles, persil, champignons de Paris, blancs de poireaux et carottes. Avec une sauce relevée au citron et à l'échalote mais sans vin blanc, « *pour ne fâcher personne* ». Le tout servi sur un coin de table dans les cuisines, car à quoi bon s'encombrer des formes à présent ? « *Pas de solution à deux États, pas de nappes en soie* », pense l'homme qui a fait quelque chose de bien.

« Nous ne sommes pas si différents, vous et nous »

Mais là, sous les néons blafards, les convives mal assis autour d'un vaisselier, la magie opère. La saveur rustique du plat maison l'emporte sur l'obstination taiseuse des deux invités. Les barrières tombent, on félicite l'hôte, anecdotes culinaires et madeleines de Proust remontent à la surface et sont partagées en toute camaraderie comme autant de tapes sur l'épaule dans un film d'Audiard. Dans un moment de grâce, Abbas tend la salière à Netanyahou qui comprend soudain : « *Nous ne sommes pas si différents, vous et nous.* » L'épiphanie n'a pas échappé au président, qui s'engouffre dans la brèche armé d'un reste de profiteroles et d'une part de paris-brest, « *à l'ancienne, ramenés d'un gueuleton familial* ».

Le dîner se termine à 23 h 40, et avec lui presque soixante-dix ans de conflit israélo-palestinien. L'accord historique, constellé de taches de gras, est ratifié contre la plonge en Inox et transmis aux chancelleries du monde entier. Et le lendemain, à l'aéroport du Bourget, ce n'est pas en homologues mais en amis que les deux ex-ennemis prennent congé de leur hôte. Avec, dans leurs mains, un gros Tupperware de bœuf bourguignon.

LES SCIENTIFIQUES PEINENT TOUJOURS À TROUVER LE CHAÎNON MANQUANT ENTRE LE CRABE ET LE BÂTONNET DE CRABE

Devant le manque de réussite des équipes chargées d'étudier la question, plusieurs pays de l'Union européenne ont réclamé l'arrêt des recherches visant à trouver le chaînon manquant entre le crabe et le bâtonnet de crabe. Un revers pour la France, engagée dans la réintroduction de bâtonnets dans leur milieu naturel depuis 2010. Selon toute vraisemblance, les crédits libérés par l'arrêt des recherches pourraient être utilisés pour tenter de prouver la présence de traces de tomate dans la sauce ketchup.

« Paris, Paris, on t'ennuie ! », le nouveau chant très poli des supporters marseillais

Le classico « OM/PSG » a eu lieu hier soir, et le public a été très agréablement surpris par la politesse des chants des supporters marseillais. Avec son « Paris, Paris, on t'ennuie ! », les supporters de l'OM ont réussi à galvaniser leur équipe tout en restant courtois avec les supporters parisiens.

Grégory et Farid sont des supporters de l'Olympique de Marseille depuis leur plus tendre enfance. Ils auraient, selon eux, *« appris à insulter les supporters de Paris avant même de savoir parler »*. Pourtant, ces deux trentenaires mal rasés ont su mettre de l'eau dans leur vin, et adapter leur discours pour ne froisser personne : *« Pour que tout le monde soit content, il fallait changer les paroles »*, affirme Grégory en croquant dans un kebab dégoulinant de sauce andalouse et de viande périmée. *« Au début, on avait pensé à "Paris, Paris ! Vous êtes pas très bons !" mais ça sonnait pas comme avant »*, renchérit Farid en volant des frites dans l'assiette de son ami.

Selon Régis Hobro, responsable des chansons au Stade Vélodrome, le problème était réel : *« On s'est rendu compte que notre ancien chant pouvait vraiment blesser ceux qui ne voulaient pas spécialement pratiquer un rapport sexuel anal de façon passive. Les supporters du PSG repartaient chez eux comme s'ils avaient subi ce rapport non consenti. Il fallait remédier à ça, pour que le football reste une fête. »*

« Ne froisser personne »

Les réactions des supporters du PSG sont en grande majorité très positives. À la sortie du stade, de nombreux supporters se sont sentis *« soulagés »* et *« heureux »* de ne pas imaginer une fois de plus *« l'acte interdit »* avec ces supporters de l'OM. Saluons donc cette initiative qui pourra servir d'exemple, car si le monde du football suit la voie de la courtoisie et du savoir-vivre, il ne pourra en ressortir que grandi.

LA FRANCE ACCEPTE DE PRÊTER 25 MILLIARDS D'EUROS AU FMI

Christine Lagarde s'est déclarée *« soulagée »* après que la France a accepté de prêter 25 milliards d'euros au Fonds monétaire international. Même si la présidente du FMI est consciente que *« le taux d'emprunt* [10 %, NDLR] *est élevé »*, elle se réjouit de pouvoir ainsi combler près de 15 % de son déficit et espère être en mesure de rembourser la France *« à l'horizon 2035 »*.

Ryanair casse encore les prix en soudant des ailes et un réacteur à des wagons à bestiaux

La compagnie irlandaise emblématique du *low cost*, connue pour ne reculer devant aucune innovation pour proposer des prix défiant toute concurrence, expérimente cet été des liaisons en wagons à bestiaux, rachetés au poids au Pakistan et reconvertis par des garagistes ukrainiens dans un hangar de Charleroi.

Ryanair ose tout, c'est même à ça qu'on le reconnaît. Dumping social, concurrence déloyale, confort minimaliste... Aujourd'hui, c'est la composition même de sa flotte aérienne qui pourrait changer radicalement : sur ses 342 Boeing 737 actuellement en service, un premier tiers devrait être remplacé sur deux ans par le « Flying Boxcar », projet au long cours de la compagnie enfin dévoilé.

Cent dix passagers, un pilote et un steward-dresseur de bovins

L'appareil consiste en un wagon de 18 mètres de long, 2,64 mètres de large et 2,5 mètres de haut pour 113 mètres cubes de volume utile, soit cent dix passagers, plus un pilote et un steward formé au dressage de bovins. La dérive, les ailes et les gouvernes de profondeur, cannibalisées sur des drones américains écrasés au Yémen et en Afghanistan, sont rivetées au châssis juste avant le décollage, afin d'économiser l'espace. Jugés trop lourds, les essieux originaux ont été supprimés et ce sont des roues de skateboard qui tiennent lieu de train d'atterrissage.

Quant aux instruments et à l'électronique de bord, Ryanair révèle être tombé sur *« un prodigieux stock »* de Game Boy Advance usagées derrière une usine Nintendo au sud d'Osaka. *« Un peu de rafistolage, un peu d'imagination, et le tour est joué*, plaisante Michael O'Leary, le directeur général. *Le DIY* [« do it yourself », NDLR] *est tellement à la mode !* » L'homme se montre en revanche moins prolixe à propos du réacteur : *« Ça, c'est notre petit secret maison, mais disons seulement que j'entretiens de très bonnes relations avec une usine de ventilateurs vietnamienne... »*

Pour le reste, Ryanair ne change rien à la recette qui a fait son succès : horaires insensés, bagages quasi interdits, aéroports secondaires coupés du monde.

Pringles et cacahuètes dans une mangeoire centrale

Pour la restauration en vol, moyennant 75 euros, les passagers pourront déguster un assortiment de cacahuètes et de Pringles goût paprika versé dans une mangeoire centrale – *« une expérience authentique qui ravira les enfants »*, se flatte la direction. Et le prix du billet est à la hauteur des sacrifices consentis : 14 euros pour un Liverpool-Naples, 5 euros pour un Paris-Barcelone et même 2 euros pour la célèbre liaison Glasgow-Ibiza qui a fait la fortune de la compagnie. Le reste du secteur pourra-t-il suivre un tel mouvement ? *« Tout à fait possible*, affirme le magazine *Capital. Air France envisagerait déjà de proposer une expérience "jet privé" en fixant un moteur de Rafale à une Fiat 500. »*

FIN DU NUCLÉAIRE : 30 % DES DÉPARTEMENTS TRANSFORMÉS EN PARCS À ÉOLIENNES D'ICI À 2019

Faire face au problème du nucléaire en privilégiant les énergies renouvelables est une priorité de notre président. Ainsi, *« près d'un tiers des départements français seront rasés pour être transformés en parcs à éoliennes »*, selon un communiqué du gouvernement, qui précise en outre que *« priorité sera donnée au département de la Mayenne, dans lequel la dernière activité humaine remonte à 1964 »*.

Une PME du Jura lance une OPA sur le groupe Bolloré, « pour voir »

*« **Culotté** », « LOL », « Eh ben, bon courage les mecs », « C'est qui ce dingue? »*: *Les Échos* recueillaient des réactions contrastées, hier à la Bourse de Paris, à l'annonce de l'OPA agressive lancée par Chaussu'Confo, une petite entreprise jurassienne spécialisée dans les semelles orthopédiques contre le groupe de Vincent Bolloré. Une histoire qui n'est pas sans rappeler le mythe de David contre Goliath – si David s'était fait pulvériser par Goliath en moins de douze secondes.

Dany Housseau, un patron « optimiste de carrière »

« On sait jamais, sur un malentendu ça peut marcher. » Dany Housseau, la cinquantaine sémillante, semble avoir fait sienne la devise de Michel Blanc alias Jean-Claude Dusse dans *Les bronzés font du ski*. Échaudé par le film *Wall Street 2: Money Never Sleeps* en VOD la semaine dernière, cet *« optimiste de carrière »*, comme il aime à se définir, a lancé hier matin une OPA hostile, *« pour voir »*, sur le puissant groupe Bolloré: cinquante-cinq mille employés répartis dans trente-six filiales, 10,8 milliards d'euros

de chiffre d'affaires en 2015. « *C'est osé, mais Dany est un joueur vous savez,* confie Stéphanie, assistante de direction à Chaussu'Confo. *Le genre de type qui réinvestit sans sourciller ses 4 euros de gains au Banco dans un Morpion ou un Numéro Fétiche. Un sacré fonceur.* » Mais, cette fois, le pari est risqué. Et les enjeux sont d'un autre calibre : pour acquérir les 43 % du capital de Bolloré nécessaires à sa prise de contrôle, Dany Housseau doit lever pas moins de 13,9 milliards d'euros avant la semaine prochaine, selon les termes de l'Autorité des marchés financiers (AMF). Une gageure pour cette modeste PME de province qui emploie une douzaine de personnes pour un bénéfice net de 120 000 euros l'année passée.

OPA fantaisistes

Mais Dany Housseau est confiant. Pour plaider sa cause auprès des banques et des investisseurs, il a déployé ses meilleurs arguments. « *Chaussu'Confo, c'est le deuxième fournisseur de semelles du centre hospitalier Louis-Jaillon à Saint-Claude. C'est le leader départemental du bas de contention et des semelles de maintien. Ce n'est pas rien* », claironne-t-il à l'envi. Du côté de Bolloré, aucun commentaire n'a encore filtré pour le moment. Vincent Bolloré pourrait d'ailleurs ne même pas être au courant de la procédure en cours. « *Le dernier huissier qui l'a informé d'une tentative d'OPA fantaisiste s'est fait muter en Patagonie le lendemain. Dans le métier, on y réfléchit à deux fois avant de le déranger pendant ses tournois de licenciements avec Arnaud Lagardère* », confie-t-on à l'AMF.

Si le puissant patron de Vivendi et Canal + avait toutefois vent de l'OPA à son encontre, c'est le département entier qui pourrait subir ses foudres. « *En 2014, pour une simple demande d'augmentation, j'ai vu Bolloré inonder et transformer en marécage le canton où mon entreprise était implantée. Alors une OPA...* », raconte par téléphone un directeur de filiale, placé depuis dans un programme de protection des témoins et qui souhaite garder l'anonymat.

L'ITALIE RENONCE AU FOOTBALL APRÈS L'INTRODUCTION DE LA VIDÉO POUR STOPPER LES SIMULATIONS

La décision est tombée ce matin par la voix du président de la Fédération, Carlo Tavecchio. L'Italie ne jouera plus aucune compétition de football, qu'elle soit nationale ou internationale. En cause, l'introduction de la vidéo et la possibilité pour l'arbitre de sanctionner les tricheurs. « *On s'attaque à notre identité. Il faut vraiment ne jamais avoir joué dans le "Calcio" pour s'imaginer que le plaisir de marquer un but peut être équivalent à celui de tromper l'arbitre* », a déclaré le président de la Fédération.

L'émission « Motus » déprogrammée à la suite d'une nouvelle baisse du chômage

Le jeu présenté par Thierry Beccaro disparaît de la grille des programmes de France 2. Une décision que la direction de France Télévisions explique par la récente baisse des audiences, liée selon elle au recul du nombre de demandeurs d'emploi en France.

L'émission « Motus » n'est pas la seule victime collatérale de la baisse du chômage, puisque la chaîne a également annoncé le licenciement de Stéphane Bern ainsi que la suppression des chaînes France 4 et France 5. Le groupe France Télévisions a annoncé qu'il envisageait même désormais de couper ses programmes pour ne commencer à émettre chaque jour qu'à partir de 16 heures.

Suppression de France 4 et France 5

Un phénomène qui ne surprend pas l'économiste Medhi Benrazi. Selon lui, on constate une baisse d'activité et de chiffre d'affaires dans de nombreux secteurs. « *Quand les gens sont au travail, ils ne regardent pas la télé, ils ne consomment pas non plus, ils n'ont aucun loisir, ils ne font pas de crédit à la consommation* », explique-t-il. *In fine*, c'est toute l'économie française qui est touchée, avec selon lui un manque à gagner qui s'élève à plus de deux millions d'euros par jour. Thierry Beccaro s'est fendu d'un message poignant sur son compte Facebook.

L'animateur travaillerait actuellement sur un livre compilant les meilleurs mots découverts en vingt-deux saisons de « Motus ».

S&P ET FITCH CRÉENT UNE NOUVELLE NOTE « AAAA+ » SPÉCIALEMENT POUR LA FRANCE

Au vu de la stupéfiante embellie de l'économie française qui talonne désormais la toute-puissance américaine, les principales agences de notation ont décidé d'un commun accord d'attribuer à la France la note de « AAAA+ », créée pour l'occasion. Cet échelon supplémentaire devrait « *permettre à la France de traduire sur les marchés la toute-puissance d'une économie dont rien ne semble pouvoir freiner la météorique ascension* ».

Disparu en juin 2016, « l'esprit Canal » retrouvé la tête dans un sac plastique sur un site Bolloré au Cameroun

Bonabéri, banlieue industrielle à quarante-cinq minutes de la tumultueuse Douala, capitale économique du Cameroun. Un cordon de policiers et de gendarmes interdit l'accès à un vaste entrepôt dont l'apparente modernité détonne au cœur de ce quartier en développement. Et pour cause, le site appartient à Bolloré Transport & Logistics (BTL), anciennement Bolloré Africa Logistics, branche tentaculaire du Groupe Bolloré sur le continent africain et dont Douala constitue le principal « hub » logistique.

Pieds et poings liés avec du câble HDMI

Mais ce n'est pas ce qui explique la nervosité palpable des policiers sur place, ni la fébrilité des médias maintenus rigoureusement à l'écart, ni même la présence des autorités consulaires françaises – visiblement dépêchées en urgence. La raison de cette agitation contenue à grand-peine a été découverte il y a quelques heures, un peu à l'écart de l'aire de déchargement, par des ouvriers qui creusaient une tranchée afin d'accéder à une canalisation voisine. Là, enfoui à la va-vite, pieds et poings liés avec du câble HDMI et la tête enserrée dans un sac plastique maculé de terre et de sang, se trouve le corps décharné de « l'esprit Canal », célèbre personnalité médiatique de 32 ans disparue le lundi 27 juin dans des circonstances troubles.

C'est en effet en plein bras de fer avec le même Vincent Bolloré – alors nouvel acquéreur de la chaîne cryptée – que « l'esprit Canal » avait été porté disparu, orientant automatiquement les soupçons vers l'intraitable homme d'affaires. Ce lundi matin-là, apprenant la suppression du « Zapping » après vingt-sept ans de bons et loyaux services, un collectif de téléspectateurs avait porté plainte contre X pour enlèvement et séquestration, après un premier recours devant les prud'hommes de Paris pour licenciement abusif.

L'âme d'Universal Music, le mordant des « Guignols de l'info », la probité de « Spécial Investigation »

Entendu à l'époque par les enquêteurs, Vincent Bolloré avait fermement nié

toute animosité à l'égard de l'esprit Canal, et défendu une restructuration fondée purement et seulement sur des critères économiques. Reste que ce soir, à Bonabéri, la rumeur de ses méthodes notoirement expéditives plane au-dessus des gyrophares et du corps supplicié, dont les premières constatations montrent qu'il aurait reçu de nombreux coups de décodeurs avant de succomber. Un peu en retrait, le vice-consul de France à Douala, abonné Canal + de la première heure, peine à contenir son émotion, mais entend faire toute la lumière sur cette affaire : *« Le voir recroquevillé ainsi, baignant dans son humour et son irrévérence, c'est très dur. Mais nous allons travailler de concert avec les autorités camerounaises pour mener à terme une enquête qui s'annonce longue et compliquée. »* En effet, alors qu'à la faveur du drame les premières langues se délient à Bonabéri, de véritables fosses communes pourraient être mises au jour. *« L'âme d'Universal Music, le mordant des "Guignols de l'Info", la probité de "Spécial Investigation"et de nombreux autres sont toujours portés disparus et M. Bolloré est incontestablement une personne d'intérêt dans ces dossiers. »*

LE LIVRE ÉVÉNEMENT

HOROSCOPE 2017
Vierge

Une année en dents de scie sur de nombreux aspects. Peut-être que l'astrologie chinoise vous promettra des choses meilleures, mais si vous n'êtes pas chinois, vous devrez faire comme tout le monde, et vous fier à cet horoscope infaillible. Est-ce qu'on est bien d'accord ? Bon.

AMOUR

Votre seul beau moment de l'année se déroulera le dernier week-end de mai à la fête des Voisins. Vous serez ivre et emmènerez chez vous Dominique, 44 ans, qui a préparé le taboulé. Vous ferez l'amour sauvagement pendant dix-sept secondes puis vous vous endormirez en sentant son odeur de transpiration. Au petit matin, « Domi » s'allumera une clope et vous dira que vous n'êtes pas trop son style.

TRAVAIL

Vous lancerez enfin votre propre entreprise ! Malheureusement, le créneau que vous avez choisi (le boudin antillais casher) sera vraiment un marché de niche réservé à une clientèle très ciblée (les juifs antillais qui mangent du porc). Toutes vos économies y passeront, mais vous vous ferez de bons amis dans cette communauté. Même s'ils feront toujours semblant de ne pas avoir vu vos SMS quand vous demanderez un « petit coup de main pour le déménagement ».

SANTÉ

Vous vous mettrez au sport le plus pratiqué par les gens détestables : le squash. Vous fréquenterez des fils de bonne famille venus *« se dépenser après le boulot »* et vous commencerez à acheter des polos *« pour faire comme les copains du squash »*. Au bout de quelques semaines, vous collerez un patch du Medef sur votre sac de sport, puis vous mettrez votre pull sur les épaules. Un jour vous vous regarderez dans le miroir et vous vous rendrez compte que vous êtes devenu un gros nul.

Le Gorafi

www.legorafi.fr

SEPTEMBRE 2017

Steven, l'aigle-emblème des États-Unis, abattu par erreur par Donald Trump... p. 174

Fin de la fraude fiscale : 1 200 traders se reconvertissent comme bénévoles dans une ONG... p. 168

Pas assez souriant dans le métro, il finit en garde à vue... p. 179

Wall Street : Monsanto clôture la semaine en hausse de 121 cancers ... p. 180

Légalisation du cannabis : l'INSEE annonce une augmentation de 200 % des rastas blancs... p. 176

BALANCE... p. 185

Fin de la fraude fiscale : 1 200 traders se reconvertissent comme bénévoles dans une ONG

Depuis que toutes les banques hormis la Société générale ont renoncé à placer leur argent dans les paradis fiscaux et que la Bourse de Paris a été remplacée par un supermarché bio, les traders sont de plus en plus nombreux à se reconvertir. Ils seraient 1 200 à avoir rejoint les rangs d'une ONG.

***« J'ai un peu l'impression** de réparer tout le mal que j'ai fait »*, explique Karim, bénévole dans l'ONG Planète Enfants, avant de nuancer : *« Même si j'ai calculé que, pour redonner tout l'argent que je me suis fait sur le dos de la dette grecque, il me faudrait*

travailler dans une ONG pendant encore 1427 ans. » Les traders ne sont pas les seuls à avoir trouvé une nouvelle vocation. Selon des sources contradictoires, ils seraient en effet près de quatre cents djihadistes à être devenus saltimbanques. *« Homme fort, lanceur de couteaux, prestidigitateur, ventriloque sont autant de débouchés auxquels on ne pensait pas forcément à la cité, mais qui nous apparaissent aujourd'hui comme une évidence »*, confie Zyed, parti faire le djihad en Syrie en mai 2014. Poussés par la vague du Bien, les Français seraient de plus en plus nombreux à s'ouvrir à de nouveaux horizons, voire à aimer des choses qu'ils méprisaient auparavant. Plusieurs témoins affirment même qu'Aymeric Caron aurait accepté de serrer la main d'un omnivore « sans se désinfecter après ».

L'absence de défauts du nouveau président responsable d'une baisse de 70 % des discussions à la machine à café

C'est peut-être la fin de ce qu'on appelle « l'esprit d'entreprise ». Selon une enquête parue ce matin, les discussions autour de la machine à café auraient baissé de 70 %. En cause : l'attitude irréprochable du nouveau président. Or, si l'on ajoute à cette impossibilité de le critiquer la fin du dérèglement climatique, ce sont des milliers d'emplois de coiffeurs, de taxis et de buralistes qui risquent à terme de disparaître purement et simplement. Une mauvaise nouvelle qui détériore un peu plus les conditions de travail des Français, déjà gâchées en grande partie par la ponctualité des trains qui prive 65 % d'entre eux d'une bonne excuse pour arriver en retard.

Les épreuves du baccalauréat bientôt réduites à dix-sept minutes pour s'adapter à la baisse des capacités d'attention

Copies inachevées, mots oubliés, raisonnements lacunaires… Les bacheliers subissent de plein fouet les dérives causées par l'avènement du numérique et sa masse d'informations et de sollicitations. Le gouvernement tente de réagir et d'adapter le format des épreuves à ces profils sinistrés, d'ordinaire déjà versatiles. Un pis-aller qui n'augure rien de bon pour les générations futures.

Les études sont nombreuses et sans appel : de douze secondes de capacité d'attention continue en 2000, les habitants des pays développés sont passés à huit secondes en 2015. Soit une seconde de moins que le poisson rouge, animal emblématique de la stupidité imperméable et impénétrable, en l'espèce indispensable puisqu'elle seule lui permet de survivre dans un environnement claustrophobique sans se suicider en effectuant une remontée prolongée à la surface.

Formulation d'une problématique en cent quarante caractères maximum

Pour ne pas pénaliser nos bacheliers dans l'obtention du fameux diplôme – dont la valeur actuelle est par ailleurs sujette à caution –, l'Éducation nationale va donc adapter le format des épreuves à ces troubles chroniques de l'attention qui frappent de plus en plus durement les jeunes générations. Si l'on prend l'exemple du bac ES, l'épreuve de français sera réduite de quatre heures à vingt minutes,

« sous la forme d'un résumé d'œuvre littéraire de la longueur d'un quart de couverture, pas plus ». La durée de l'épreuve de philosophie, de quatre heures également, va être abaissée à vingt-cinq minutes et exigera la formulation d'une problématique en cent quarante caractères maximum. L'épreuve de sciences naturelles, d'une heure et demie auparavant, sera spectaculairement abaissée à dix minutes et consistera en la réalisation d'un schéma de tronc d'arbre en coupe. Les épreuves de LV1 (une heure et demie) et d'économie en option (une heure) seront respectivement réduites à dix et huit minutes, pour un total de dix-sept minutes en moyenne. Une pause Smartphone sera accordée entre chaque épreuve, sous la pression des syndicats lycéens qui se sont montrés intraitables sur la question.

Pour nécessaire et inévitable qu'elle semble être, cette réforme n'augure rien de bon pour les futures générations, voire l'avenir même du pays. D'ores et déjà, commentateurs et experts questionnent le bien-fondé d'une démarche qui revient à entériner l'abrutissement de nos petites têtes blondes, *« et pour quel résultat ?* s'insurge Nicolas Perrard, professeur des universités à Paris-II. *Assistera-t-on demain à des opérations à cœur ouvert plafonnées à neuf minutes par procédure ? Des journées de travail de six heures découpées en plages de onze minutes ? »* Sollicités pour avis par une commission ministérielle spécialement constituée, des représentants lycéens ne sont pour l'heure pas parvenus à terminer le questionnaire qui leur avait été transmis.

Reprise : la France doit faire face à une vague sans précédent de migrants venus de Suisse et du Luxembourg

Conséquence de la prospérité qui gagne la France depuis quelques mois : de nouvelles vagues d'immigration en provenance de la Suisse et du Luxembourg ont fait leur apparition ces derniers jours.

Malgré la distance, malgré les obstacles que constituent les Alpes et les forêts de Moselle, ils sont des milliers à tenter leur chance chaque jour dans des Audi de fortune, parfois à trois ou quatre et sans chauffeur, au péril des courants d'air ou des chauds et froids. Leur motivation ? Rallier la capitale, même s'ils doivent pour cela affronter la longueur du trajet ou être parqués pendant plusieurs jours dans les Hilton de Strasbourg ou d'Évian-les-Bains dans des conditions ubuesques, avec le risque d'être expulsés et de retourner travailler dans leur pays d'origine pour à peine 10 000 euros par mois.

Le président qui a fait quelque chose de bien s'est étonné de cette situation, rappelant que plusieurs pancartes indiquant *« Ce n'est pas très bien de s'installer illégalement sur un territoire étranger »* avaient été placées tout le long des frontières. Il a également précisé que *« la France n'a pas vocation à accueillir toute la richesse du monde »*.

Parqués dans les Hilton

Patrick Balkany a, quant à lui, déclaré au contraire qu'il fallait *« tous les accueillir sans exception »*, que la France avait *« besoin de main-d'œuvre qualifiée »* et que cela *« contribuerait à combler le déficit de nos cotisations retraites »*. Ce à quoi Olivier Besancenot a répondu que cette immigration risquait *« de faire appel d'air »* et que le danger d'être à

terme *« envahi »* par des migrants venus de Belgique et du Liechtenstein était *« réel »*. Après le Brexit, l'Angleterre a, de son côté, annoncé qu'elle organiserait bientôt un nouveau référendum pour devenir un département français.

PARIS : À LA GARE MONTPARNASSE, UN INTERNAUTE FILME LES RETROUVAILLES ÉMOUVANTES D'UN HOMME AVEC SON COLIS SUSPECT

C'est le buzz de ce début de semaine : dans le hall des départs de la gare Montparnasse à Paris, un homme fend le cordon de sécurité formé par la police et les démineurs et se précipite sur un sac de cuir noir qu'il étreint passionnément. *« J'ai cru que j'allais te perdre ! »* s'écrie l'homme qui peine visiblement à retenir ses larmes. *« Je te ne ferai plus jamais ça. »* Le propriétaire soulagé repart ensuite tout penaud, non sans avoir remercié les forces de l'ordre d'avoir surveillé le précieux objet pendant l'achat d'un sandwich chez Pomme de Pain.

Steven, l'aigle-emblème des États-Unis, abattu par erreur par Donald Trump

Élu en novembre dernier, l'inénarrable Donald Trump a de nouveau fait parler de lui en criblant le précieux rapace de dix-sept balles de 5,56 millimètres. Le président américain assure avoir confondu l'oiseau avec un drone mexicain.

Symbole majestueux et omniprésent de la superpuissance américaine

C'était un superbe pygargue à tête blanche, de 5,2 kilos pour 197 centimètres d'envergure. Né et élevé dans la prestigieuse volière nationale du Wyoming qui a fourni onze générations de *bald eagles* officiels, Steven était depuis quatorze ans le symbole majestueux et omniprésent de la superpuissance américaine, de la pièce d'un dollar à l'emblème du Pentagone, du drapeau de l'Illinois au sceau présidentiel.

Steven n'est plus. Donald Trump, milliardaire *tycoon* de l'immobilier et quarante-cinquième président des États-Unis, a abattu l'animal d'un demi-chargeur de fusil d'assaut au cours d'une partie de chasse dans le Montana. *« J'ai vu une silhouette anguleuse planer en vol stationnaire au-dessus de notre groupe,* s'est défendu le président dans un communiqué officiel. *J'ai immédiatement pensé à un drone mexicain, pays qui, comme chacun sait, s'est résolu à nuire aux intérêts de l'Amérique. »*

Immédiatement acculé par un journaliste qui s'étonnait de la présence d'un prétendu drone mexicain dans un État frontalier du Canada, Donald Trump a préféré jeter une liasse de billets sur l'assistance pour couvrir sa fuite de la salle de presse – une parade héritée de ses dix-neuf ans à la tête du concours Miss Univers.

Nul doute que la culpabilité de Trump, si elle est établie, nuira durablement à un mandat déjà émaillé de débordements. Le *Secretary of Defense* a d'ores et déjà annoncé que si le président Trump *« persistait à croire que la présidence des États-Unis n'était qu'un gigantesque spring break »*, il serait contraint de lui retirer les codes de l'arme nucléaire.

CHAMPIONNAT DE FRANCE DE BOLAS : LES ZADISTES DE NOTRE-DAME-DES-LANDES AFFRONTENT LES TEKNIVALIERS DE SAINT-ÉTIENNE À DOMICILE

Ce sera donc un duel zadistes contre festivaliers ce soir en huitième de finale du championnat de France de bolas – un match que les commentateurs n'hésitent pas à qualifier d'*« à risque »* au vu de la rivalité qui anime les deux équipes depuis le rachat de Sébastien Guichard dit « Babylon Jah » par Saint-Étienne l'année dernière. Un dispositif de sécurité renforcé a été mis en place par la préfecture, avec bonbonnes de savon et lances à shampooing pour les policiers.

Légalisation du cannabis : l'INSEE annonce une augmentation de 200 % des rastas blancs

La France serait-elle envahie par les rastas blancs ? C'est la question que soulève une étude de l'INSEE qui révèle que leur nombre aurait été multiplié par quatre depuis la dépénalisation du cannabis.

L'enquête de l'INSEE rapporte que les populations de rastas blancs se sont particulièrement développées près des sites accueillant des festivals de musique du monde ou des zones riches en tabac à rouler. Ces proliférations ne sont pas sans conséquences, d'après José Cardozo, anthropologue spécialiste des rastas blancs. L'anthropologue souligne une recrudescence de la pratique du diabolo et du bâton du diable sur le territoire français.

Recrudescence du diabolo

Et il n'hésite pas à reprendre le témoignage d'une mère de famille racontant comment son fils s'était tragiquement transformé en rasta blanc seulement quelques heures après avoir fumé du cannabis pour la première fois.

Autre conséquence, le nombre de groupes de reggae français qui serait aujourd'hui en train d'exploser. *« Il faut faire quelque chose maintenant, sinon, tous les jours, c'est un nouveau Sinsémilia que nous risquons d'engendrer. Personne ne veut en arriver là »*, explique l'anthropologue.

ALERTE : LE PAQUET DE BISCUITS RETROUVÉ VIDE DANS LE PLACARD

Une dépêche AFP confirme la disparition de la totalité des biscuits du paquet qui avait été acheté hier et qui se trouvait dans le placard de la cuisine. Les premiers éléments de l'enquête montrent que l'auteur du méfait n'a pas pris soin de se débarrasser de l'emballage des biscuits, qui a été retrouvé vide. La police indique que cette affaire n'a aucun lien avec celle du paquet de bonbons retrouvé avec un seul bonbon dedans. Elle est déjà en mesure de fournir un premier portrait du voleur en indiquant qu'il s'agit d'une personne ayant agi seule et présentant des traces de chocolat au coin de la bouche. La police précise également que la personne recherchée n'est pas dangereuse et conseille d'agir seul en cas de contact avec elle.

Les Républicains cryogénisent François Baroin « pour un usage ultérieur »

Arrivé au terme de son mandat de président de l'Association des maires de France (AMF), François Baroin s'est rendu hier sans faire de difficultés au siège des Républicains rue de Vaugirard à Paris pour y être cryogénisé. Il sera conservé dans un caisson de survie prolongée en vue d'une nouvelle mission « le temps venu ».

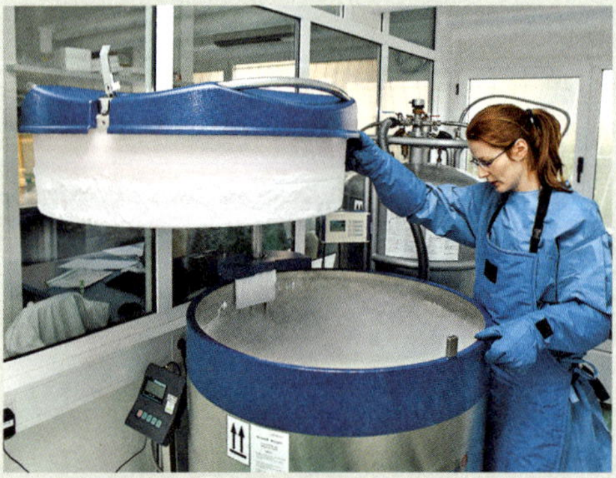

« Tu l'as vu *Timecop*, avec Jean-Claude Van Damme ? Eh ben, voilà, pareil ! »

Il a été encouragé à voir cette étape comme un privilège, un honneur qui lui est fait au regard d'aptitudes hors normes. Nicolas Sarkozy en personne le lui a expliqué : *« On est trop nombreux chez Les Républicains, quand tu rentres dans le siège, tu te croirais à Guangzhou. On était quinze à la primaire, ça n'a pas de sens*, commente le président du parti et candidat déçu. *Toi, tu es jeune, doué. Je propose qu'on te conserve à l'écart de tout ça et qu'on t'appelle pour les coups de force occasionnels, en mercenaire. Tu l'as vu* Timecop, *avec Jean-Claude Van Damme ? Eh ben, voilà, pareil ! »* Voilà donc François Baroin mis en sommeil en attendant le retour de la droite au pouvoir et la nécessité de ses compétences si particulières que sa discrétion polie masque bien. Recadrage de ministres frondeurs, redressement de comptes de campagne, prises de position polémiques au nom du parti… L'homme politique sera activé sur ordre et agira en coulisses, avec la possibilité de réunir une équipe *ad hoc* et d'en choisir les membres parmi les personnalités déjà conservées dans les sous-sols des Républicains : Raffarin, Woerth, Douste-Blazy, Gaymard… « *Ils sont à toi* », lui a assuré Nicolas Sarkozy.

Pas assez souriant dans le métro, il finit en garde à vue

Une histoire bien singulière dont se souviendra sans doute pendant longtemps Gilles Reussier. Alors qu'il se rendait sur son lieu de travail en métro, il n'a pas semblé afficher un quelconque sourire ni manifester une certaine joie de vivre. Il a par ailleurs été plusieurs fois malpoli avec d'autres usagers, refusant de laisser son siège à une personne âgée. Jugeant son comportement suspect, plusieurs voyageurs ont averti le service de sécurité de la RATP. L'individu a été appréhendé dans le calme. Récit.

Comportement suspect

Il est à peine 10 heures du matin dans cette rame de la ligne 4 lorsque les usagers remarquent le comportement suspect d'un voyageur. Alors qu'il entre dans la rame, il ne dit même pas bonjour avant d'aller s'asseoir sans un mot d'excuse pour les personnes qu'il bouscule sur son passage. Un peu plus tard, il garde pour lui son journal gratuit alors qu'il vient de finir de le lire.Quelques instants après, tout bascule. Une personne âgée, ayant visiblement du mal à se déplacer, pénètre dans la rame. L'homme ne réagit pas et ne propose pas à la vieille dame de prendre sa place. Les usagers, inquiets d'un tel comportement, demandent alors l'intervention du service de sécurité de la RATP. L'homme a été interpellé à la station suivante et placé en garde à vue.

Retour de vacances

Interrogé, l'homme a expliqué son comportement par « *une période un peu difficile au travail* » et le fait qu'il était simplement de mauvaise humeur. « *Je n'ai pas voulu créer de psychose, je n'avais juste pas envie de sourire, c'est tout* », a-t-il confessé. Pour la police, la réaction des usagers peut se comprendre : « *Dans un contexte marqué par le bonheur, certains comportements apparaissent plus suspects que d'autres, ce qui permet de rapidement localiser ces individus* », a expliqué l'un des brigadiers, saluant la réaction prompte et maîtrisée des personnes sur place.

Wall Street : Monsanto clôture la semaine en hausse de 121 cancers

Encore une bonne nouvelle pour le géant des biotechnologies agricoles Monsanto, qui termine la semaine en hausse de 121 cancers et dont l'action a encore gagné près de 4 % de pesticides.

Hugh Grant, le PDG de Monsanto, n'a pas caché sa satisfaction à l'annonce des résultats de la semaine, bien qu'il ait cherché à les nuancer : *« Ce sont bien évidemment de très bons résultats. Mais il ne faut pas oublier tout ce qui n'est pas visible. »* Avant de préciser sa pensée : *« Il y a aussi tout un tas de maladies qu'il est difficile de rattacher à nos pesticides mais dont nous sommes certainement à l'origine. »* Puis le PDG de conclure : *« Monsanto, c'est avant tout un pari sur l'avenir et les jeunesgénérationspuisquecesontlesfemmes enceintes et les fœtus qui sont le plus touchés par la dangerosité de nos produits. »*

Le directeur, Mitch Barns, a, quant à lui, refusé de céder à l'euphorie : *« Les cancers, c'est bien mais ce n'est pas suffisant »*, a-t-il rappelé. *« Ce serait dommage, pour une entreprise comme la nôtre, de tomber dans la facilité »*, a-t-il ajouté, expliquant qu'à l'avenir Monsanto aimerait être davantage *« à la pointe de la recherche »*. L'idéal étant de réussir à développer, grâce à des pesticides encore plus puissants, *« de nouvelles maladies mortelles inconnues jusque-là et si possible incurables »*. Mais Mitch Barns reconnaît aussi la difficulté de trouver le juste équilibre. *« Il faut quand même réussir à maintenir suffisamment de personnes en vie pour continuer à exterminer le reste de la population. »* Et le directeur de conclure : *« C'est donc avant tout, et contrairement à ce que prétendent nos détracteurs, une question d'éthique. »*

Le PSG sacré champion de France

Le PSG a décroché ce week-end son septième titre de champion de France. Un sacre obtenu sur sa pelouse au terme d'un match à sens unique remporté sur le score de 22 - 0 contre les Girondins de Bordeaux.

Avec cette nouvelle victoire lors de la huitième journée, le PSG obtient le sacre le plus rapide de l'histoire de la Ligue 1. La différence de niveau entre le club de la capitale et ses concurrents n'a jamais été aussi marquée, surtout si l'on tient compte du fait que seize des vingt équipes engagées sont toujours dans l'attente de leur première victoire.

La saison de tous les records

Il faut dire que cette saison encore le PSG n'en finit plus de battre tous les records. Leaders depuis la deuxième minute de la première journée, champions d'automne lors de la quatrième journée, les Parisiens ont réalisé un carton plein en comptabilisant huit victoires sur huit matchs disputés. Une série de victoires qui leur assure de ne pas être rattrapés par leurs poursuivants qui ont tous fait match nul ce week-end. En plaçant ses onze titulaires aux onze premières places du classement des buteurs, le PSG est aussi en route pour terminer la saison avec la meilleure défense, se permettant même de disputer deux matchs sans aligner de gardien de but dans la composition de départ.

Mais si les statistiques font la joie de la direction du PSG, celle-ci a tenu à rappeler à l'ordre son effectif. *« C'est une grande joie. On peut maintenant se concentrer sur les deux principaux objectifs de la saison : la Ligue des Champions et la réinsertion de Serge Aurier »*, a réagi le président Nasser Al-Khelaïfi au micro de BeIN Sports après le coup de sifflet final.

Fin du dopage : l'Espagne redevient dernière dans tous les sports

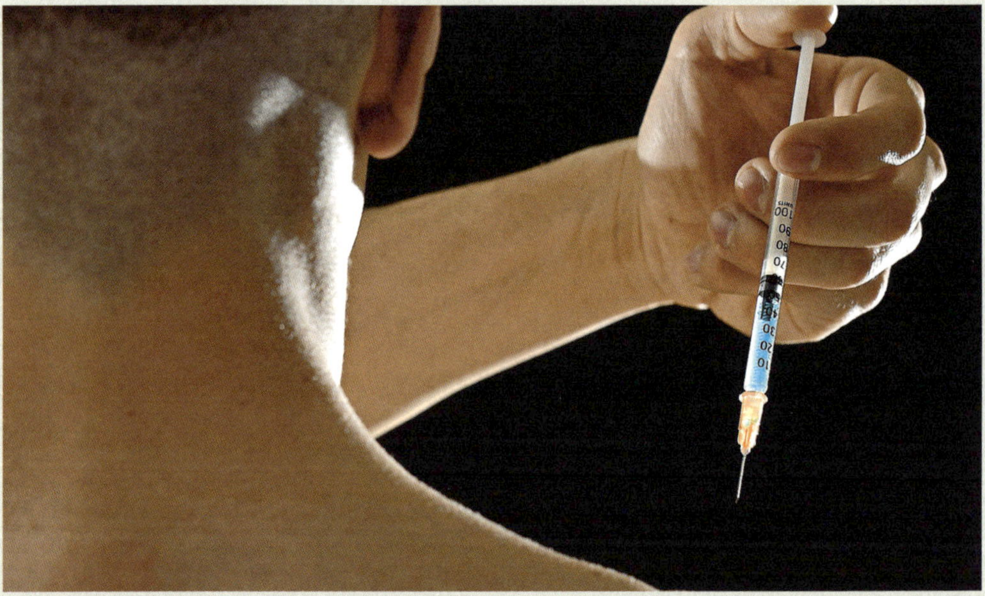

Les nouvelles règles en matière de dopage imposées peu à peu par la France à toute l'Europe commencent à porter leurs fruits. Mais on ne peut pas dire qu'elles ravissent tous les pays. À commencer par l'Espagne, qui se retrouve désormais dernière nation dans quasiment tous les sports.

En l'espace de deux mois, l'Espagne a vu tous ses sportifs dégringoler dans la hiérarchie. C'est ainsi que Nadal a chuté à la 697e place et que David Ferrer a dû se reconvertir dans la vente de tortillas. Le FC Barcelone, 19e de Liga, s'est pour sa part de nouveau incliné lourdement contre le FC Krasnodar en Ligue des Champions.

Dégringoler dans la hiérarchie

La Roja, quant à elle, pointe désormais au classement mondial derrière la Slovénie et l'Irlande du Nord et est talonnée par le Mozambique et Madagascar. Et on ne peut pas dire que ça aille beaucoup mieux pour l'équipe nationale de basket, qui s'est inclinée lourdement la semaine dernière (72 à 29) contre l'Amicale des stadiers de Nanterre. Pau Gasol, qui peine à retrouver son meilleur niveau et tourne à 0,4 point de moyenne avec les San Antonio Spurs cette année en NBA, a été limité à un point, à 0/41 au tir.

Derrière la Slovénie et l'Irlande du Nord

Heureusement pour l'Espagne, ses catégories handisport, beaucoup moins contrôlées, continuent à briller, bien que l'apparition d'un troisième bras chez la plupart de ses joueurs de handball continue à interroger le corps médical.

AFFAIRE DU PAQUET DE BISCUITS : DES SOUPÇONS PÈSENT SUR UN ENFANT DE 8 ANS

Nouveau rebondissement dans l'affaire du paquet de biscuits. La police a indiqué avoir identifié un suspect en la personne d'un petit garçon âgé de 8 ans. Le chérubin est actuellement auditionné par le chef de la police locale et pourrait être placé en garde à vue dans la chambre de ses parents jusqu'au dîner de ce soir. Une perquisition serait également en cours dans la chambre de l'enfant de 8 ans pour tenter de trouver des indices permettant de l'amener à des aveux.

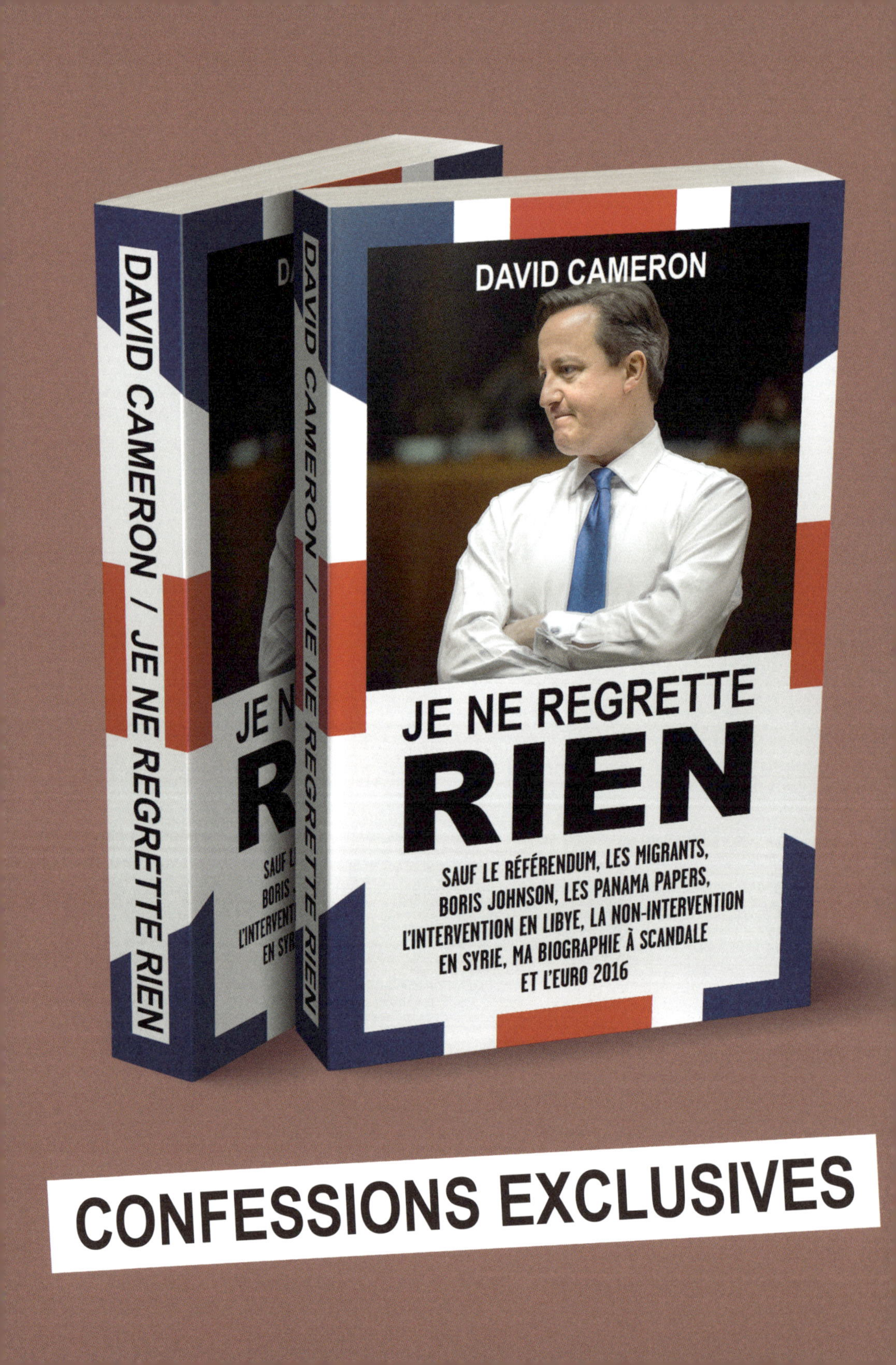
DAVID CAMERON / JE NE REGRETTE RIEN
DAVID CAMERON
JE NE REGRETTE
RIEN
SAUF LE RÉFÉRENDUM, LES MIGRANTS, BORIS JOHNSON, LES PANAMA PAPERS, L'INTERVENTION EN LIBYE, LA NON-INTERVENTION EN SYRIE, MA BIOGRAPHIE À SCANDALE ET L'EURO 2016
CONFESSIONS EXCLUSIVES

HOROSCOPE 2017
Balance

Que de changements pour cette année ! 2017 sera un peu comme une boîte de chocolats où chaque chocolat a été remplacé par un poulet mort. Mais un peu de courage bon sang ! (Commencez quand même à prendre des antidépresseurs dès maintenant, on ne sait jamais.)

AMOUR

Votre enfant naîtra vers le mois d'octobre. Il s'appellera Jason Fury et sera très insolent. Ce nourrisson fera tout pour être un *bad boy* : musculation, tatouages et mauvaises fréquentations. Un jour, il rentrera ivre dans son landau en insultant toute la famille. Il aura une moto.

TRAVAIL

Vous ferez tout pour devenir ingénieur informaticien. Ce ne sera pas simple parce qu'il faut respecter des règles très précises : avoir une mauvaise peau et un cartable portant le logo d'une entreprise par exemple. Vous apprendrez aussi à ricaner bêtement, à vous curer le nez en public ou à faire des blagues en rapport avec l'informatique.

SANTÉ

Vous deviendrez végétalien. Bien sûr, vous commencerez à faire tout un tas de reproches aux gens qui mangent encore de la viande, ou même aux végétariens, qui ne vont pas « *jusqu'au bout de la démarche* ». Vous vous ferez pas mal d'ennemis, mais, chaque nuit, vous ferez le même rêve… un petit agneau, les yeux brillants de reconnaissance, vous dira : « *Meeeerci ! Meeeerci de ne pas avoir commandé le "couscous agneau" au restaurant L'Étoile du Maghreb.* » Ce sera un moment très intense.

Le Gorafi

www.legorafi.fr

OCTOBRE 2017

El Chapo s'évade pour la 3e fois en creusant une autoroute à quatre voies sous sa prison... p. 194

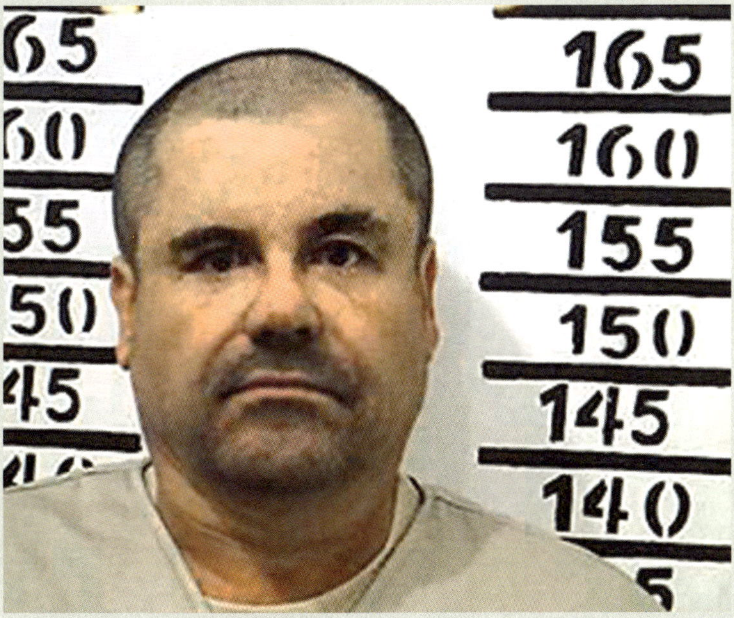

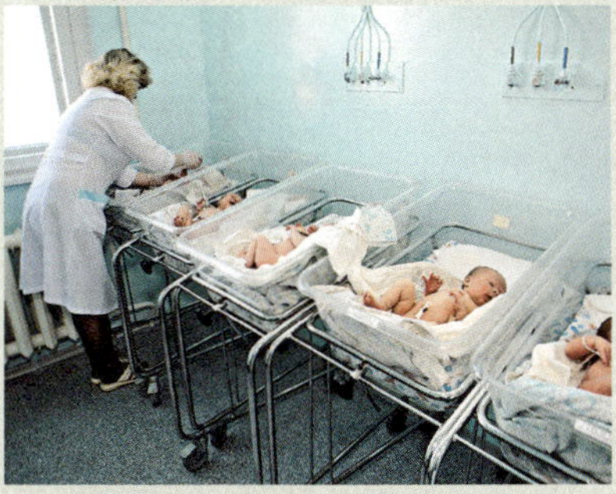

Surcharge des maternités : le gouvernement appelle les Français à moins s'aimer... p. 192

Manif contre le président : les CRS viennent en aide à la CGT pour contenir les casseurs ... p. 190

Cent personnalités signent un manifeste en faveur du retour de la médiocrité en politique... p. 196

Faute de crédits, Arianespace maintenant sponsorisée par Fleury Michon... p. 198

SCORPION... p. 201

Pas d'annonce de bonne nouvelle depuis quatre jours : le gouvernement taxé d'incompétence

Les Français seraient-ils devenus oisifs et capricieux, comme le dénonçait récemment un compte Twitter inconnu mais attribué à la l'ex-chanteuse-devenue-chroniqueuse-politique-sur-D8 Lorie ? Ou se sont-ils tout simplement habitués au tombereau quotidien de bonnes nouvelles que leur déversait chaque jour la politique atypique menée par l'homme qui a fait quelque chose de bien ? Trop, trop vite : arrivé au pouvoir avec autant de bonnes intentions que Pierre Bérégovoy en 1992 à Matignon, l'homme qui a fait quelque chose de bien s'est dépensé sans compter.

Retour de bâton

Plein emploi, croissance à trois chiffres, colmatage du trou de la Sécu, réconciliation entre le patronat et les salariés… Cinq mois après sa prise de fonction, le président affiche déjà un bilan plus positif que tous ses prédécesseurs de la Ve République réunis. Au risque, à la longue, de dévaloriser ces retombées pourtant acquises de haute lutte ? Dans son allocution dominicale, l'homme qui a fait quelque chose de bien faisait sereinement état de la bonne santé générale du pays, qui caracole à 17% de croissance du PIB et est depuis peu considéré comme le nouveau phare du monde moderne.

Mais ce jeudi, 1 million de Français (6 millions selon les organisateurs) étaient déjà dans la rue afin de manifester leur mécontentement contre une *« politique qui a depuis longtemps cessé de faire ses preuves »*. Particulièrement remontés contre le président qu'ils estiment responsable d'une politique anémique et manquant d'ambition, des cortèges ont défilé dans la plupart des grandes villes du pays aux cris de *« ça suffit les vacances »*. La classe politique traditionnelle, depuis le début bousculée par le style iconoclaste de l'homme qui a fait quelque chose de bien, n'a pas tardé à prendre fait et cause pour les manifestants et à reprendre à son compte leur rhétorique alarmiste. *« Bien sûr que je les comprends,* tempêtait ce matin François Hollande depuis sa péniche d'Auvers-sur-Oise où il vit désormais reclus. *Cet homme leur promet monts et merveilles, pour seulement cinq mois plus tard leur annoncer que tout va bien, que le pays est en pilote automatique à seulement 15 % de croissance et plus de 0,01 % de chômage ? C'est de l'incompétence et j'appelle à sa démission. »* Affirmant ne pas comprendre le procès qui lui était fait sur un bilan qu'il croyait jusqu'alors *« plutôt honorable »*, l'homme qui a fait quelque chose de bien, manifestement ébranlé par ce soudain revirement d'opinion, s'est officiellement engagé *« à redresser immédiatement la barre »*.

LES ARRONDISSEMENTS DU CENTRE DE PARIS FUSIONNENT ET GAGNENT + 127 DE MANA, + 130 D'ÉNERGIE ET + 144 DE BOUCLIER

La réforme annoncée en janvier 2016 par la maire de Paris a été lancée hier, par la fusion des Ier, IIe, IIIe et IVe arrondissements de la capitale, qui voient leurs capacités augmenter de façon exponentielle. Avec un gain de 144 points, le talent « bouclier » offrira notamment une meilleure résistance aux dégâts, sans préjudice majeur pour les talents offensifs. Paris se voit ainsi en mesure d'affronter sans crainte Rome, sa ville-jumelle, qui doit fusionner courant 2018 les arrondissements centraux du Prati, de Monte Sacro, de Parioli et de Delle Torri.

Manif contre le président : les CRS viennent en aide à la CGT pour contenir les casseurs

Nouvelle preuve de la solidarité entre tous les Français quelles que soient leurs divergences d'opinions ou leur opposition historique, les CRS n'ont pas hésité, lors de la manifestation d'hostilité à l'égard du président, à prêter main-forte à la CGT pour repousser l'assaut des casseurs.

La CGT a confirmé être désormais l'alliée des CRS pour un mouvement de cohésion nationale. Alors qu'ils entonnaient leurs nouveaux slogans « Un pas en avant, trois pas en arrière, c'est la politique des manifestants » et « Manif' nationale, milice du Capital », les cégétistes ont ensuite reçu le soutien des CRS au moment même où des manifestants virulents s'en prenaient à eux en les caillassant et après que des échauffourées ont commencé à éclater un peu partout dans le cortège.

Philippe Martinez, de nouveau absent de la manifestation, a quant à lui fustigé l'attitude des syndicats et de la police. Toujours plus véhément depuis qu'il a quitté la CGT à la suite de la décision des militants d'ajouter une matraque sur le logo du syndicat, il a accusé les policiers d'avoir provoqué les manifestants en adoptant *« une attitude pacifique et plutôt sympa »*.

« Manif' nationale, milice du capital »

Depuis qu'il a disparu de la scène médiatique, les rumeurs les plus folles circulent à son sujet. Plusieurs internautes affirment en effet qu'il vit depuis des mois reclus dans la forêt de Rambouillet, se repérant uniquement à l'aide de ses moustaches et se nourrissant exclusivement de fromage de chèvre. Une rumeur difficile à vérifier mais pas totalement infondée si l'on en croit des gendarmes des Yvelines qui assurent l'avoir repéré à plusieurs reprises, des bois de cerf sur la tête et le corps entièrement recouvert de poils, en train de distribuer des vieux tracts anticapitalistes aux animaux de la forêt (jusque-là plutôt de droite).

L'ENFANT DE 8 ANS NIE TOUJOURS ÊTRE CELUI QUI A FINI LE PAQUET DE BISCUITS

L'enfant de 8 ans accusé d'avoir terminé le paquet de biscuits s'est exprimé dans une tribune publiée dans le journal de l'école. Dans un texte d'une dizaine de lignes, l'enfant, qui dénonce un acharnement, clame son innocence et en appelle au président de la République. Un texte qui tombe au mauvais moment puisque quelques minutes plus tard, Mediapart faisait de nouvelles révélations prouvant que l'enfant était bien dans la cuisine au moment de la disparition des biscuits.

Surcharge des maternités : le gouvernement appelle les Français à moins s'aimer

Paris – Le boom des naissances qui s'annonce d'ici à quelques mois pourrait créer le chaos dans les maternités françaises. Les médecins ont enregistré une hausse de 800 % de consultations de femmes enceintes et estiment que le pic de naissances à venir sera difficilement gérable à moins que les Français arrêtent de s'aimer.

Le Dr Jumien pratique à Metz, et, depuis trois semaines, son cabinet ne désemplit plus. Il doit refuser des patients, principalement des femmes enceintes qui viennent pour faire des examens. « *Depuis que nous avons élu quelqu'un qui a fait quelque chose de bien, les gens n'arrêtent plus d'être heureux et de faire l'amour, et beaucoup d'entre eux veulent aussi fonder une famille.* » Selon lui, le pic de naissances à venir sera sans précédent et devrait durer plusieurs mois si on ne fait rien. « *Il y aura des bagarres dans les maternités, ce sera violent, prédit-il. Les plannings de naissance sont tous complets.* » De son côté, le gouvernement a pris la mesure des choses et a appelé les Français à moins s'aimer et à utiliser des moyens de contraception. « *Aimez-vous un peu moins que d'habitude, faites moins de câlins pour que nous puissions être à même de gérer,* a conseillé le ministère de la Santé qui en appelle à la responsabilité collective. *Je sais que nous sommes tous très heureux, mais, un ou deux jours par semaine, soyez plus triste et fâchez-vous un peu avec votre partenaire.* »

« Faites moins de câlins »

Si le phénomène était amené à se confirmer dans les prochaines semaines, le

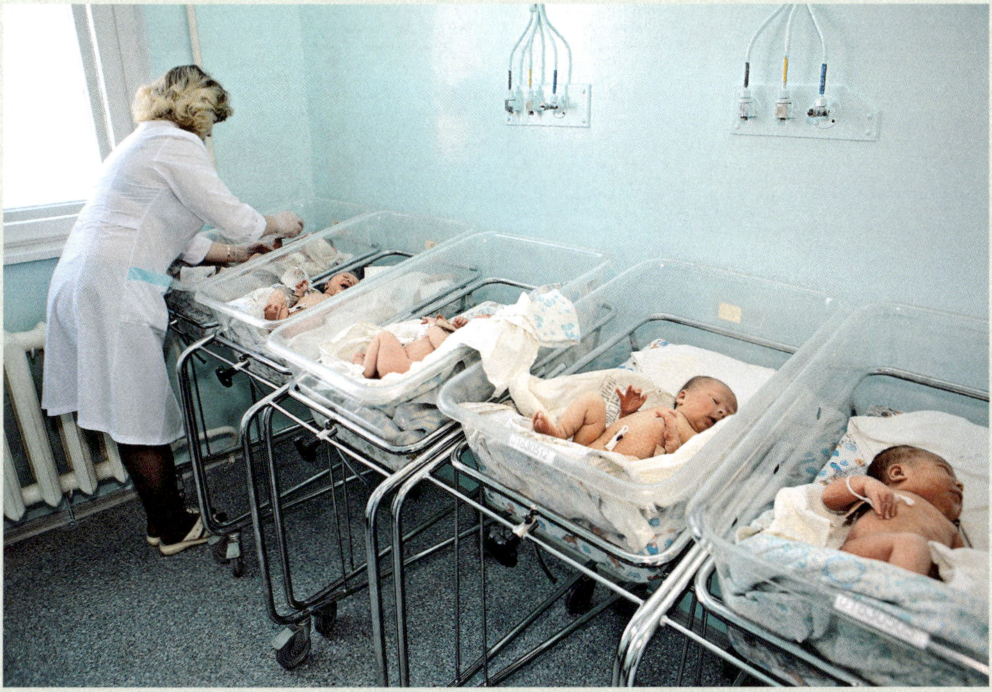

ministère aurait déjà prévu des mesures chocs pour éviter un blocage des maternités, comme un maximum de câlins à ne pas dépasser ou l'obligation pour les couples d'insulter leur conjoint au moins une fois par jour.

LA FRANCE POINTÉE DU DOIGT PAR L'EUROPE POUR EXCÉDENT BUDGÉTAIRE

Bruxelles – L'Europe a donné jusqu'à la fin de l'année à la France pour se débarrasser de l'excédent budgétaire qu'elle a accumulé au cours des derniers mois, dépassant les critères imposés par le traité de Maastricht. *« La totalité des pays membres de l'UE sont peu ou prou déficitaires. L'image de cette France opulente est un coup dur pour maintenir l'Union »*, a commenté un commissaire européen qui parle d'une possible exclusion de la France. De son côté, celle-ci a annoncé la création d'une commission pour examiner comment être à nouveau déficitaire. *« Si nous avions encore le trou de la Sécu, cela serait plus simple »*, se lamente un ministre. Dans l'immédiat, la seule option envisagée serait de laisser le trop-plein d'argent dans la rue, à disposition.

El Chapo s'évade pour la 3e fois en creusant une autoroute à quatre voies sous sa prison

Aussitôt pris, aussitôt évadé : Joaquín « El Chapo » Guzmán, dirigeant du cartel de Sinaloa, a de nouveau faussé compagnie aux autorités mexicaines grâce à un tunnel, qui semblerait cette fois n'avoir rien à envier à nos plus beaux tronçons de l'A86.

À première vue, c'est une autoroute normale et même plutôt moderne, telle qu'on en trouve aux États-Unis et en Europe du Nord : 2 x 2 voies en parfait état, lampadaires, marquage au sol, glissières de sécurité et terre-plein central… Rien à voir *a priori* avec un tunnel creusé à la petite cuillère sous une cellule, image d'Épinal de l'évasion à la Lucky Luke.

Glissières de sécurité et terre-plein central

Et pourtant c'est bel et bien par cette voie express de 4,8 kilomètres qu'El Chapo s'est évadé hier du Ceferso 9, centre pénitentiaire près de Ciudad Juarez où il avait été transféré en mai 2016. Le baron de la drogue était auparavant détenu à la prison d'Altiplano, d'où il s'était évadé en juillet 2015 au moyen d'un tunnel certes moins ambitieux, mais qui dénotait déjà une main très sûre dans l'élaboration d'ouvrages souterrains perfectionnés.

El Chapo serait donc déjà loin, probablement récupéré par des complices dans la Sierra de Juarez où débouchait le tunnel. Les images de vidéosurveillance – qui n'ont inexplicablement pas donné l'alarme – posent en revanche la question de la facilité avec laquelle Joaquín Guzmán s'est fait la belle : on le voit en effet passer quelques coups de fil avant de monter sans se presser dans une berline noire venue le chercher, *« possiblement un Uber »*, d'après un expert américain. Une camionnette apparaît quelques secondes plus tard, d'où sortent trois hommes qui y chargent les meubles et affaires qu'El Chapo détenait dans sa cellule, dont un frigo, une table de billard et un aquarium à requins. La procureure générale du Mexique, Arely Gomez, a déclaré ce matin que tous les moyens étaient mis en œuvre pour mettre la main sur El Chapo, mais a reconnu qu'à ce stade la police avait perdu sa trace dans l'un des six *Bodeguita* (Courtepaille local) qui jalonnent le tunnel et où le narcotrafiquant se serait brièvement restauré à mi-parcours.

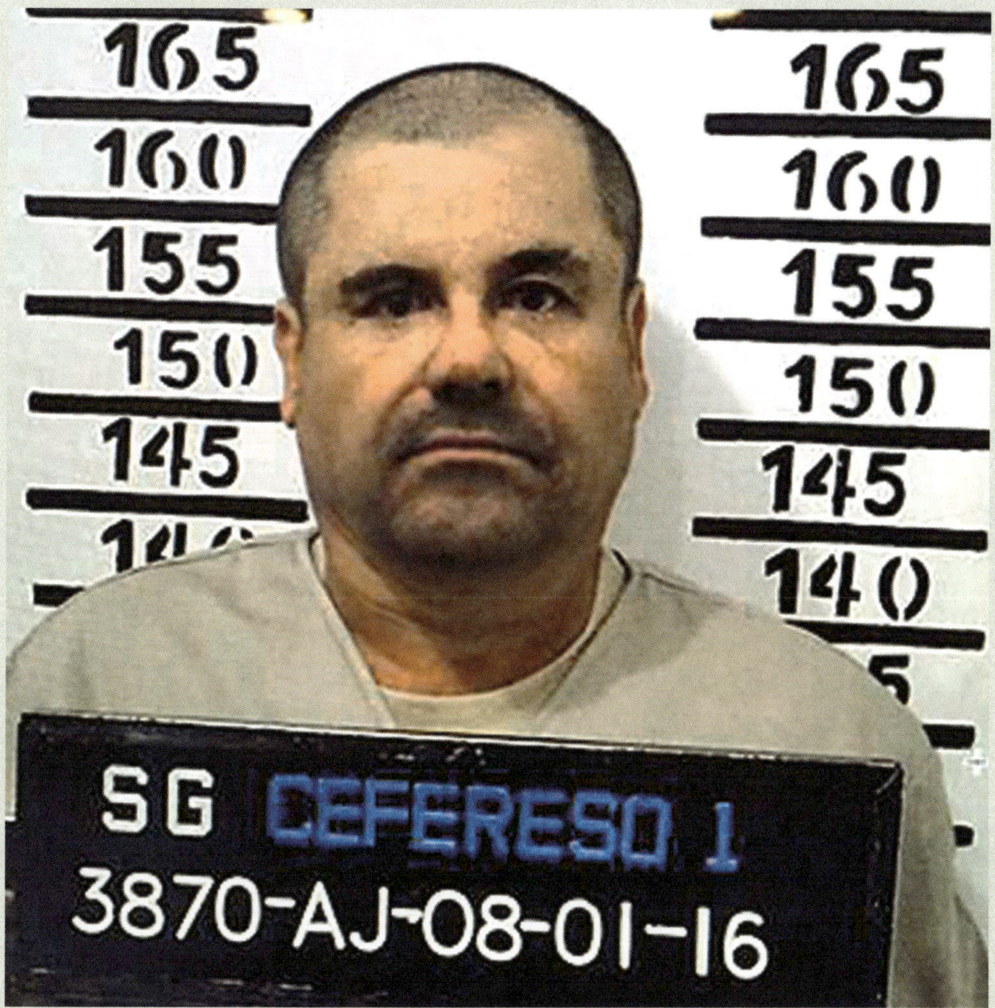

Cent personnalités signent un manifeste en faveur du retour de la médiocrité en politique

« Nous, écrivains, politiciens, artistes, chercheurs, entrepreneurs, mais d'abord et avant tout citoyens français, appelons solennellement l'homme qui a fait quelque chose de bien à cesser sa politique de performance et d'efficacité en laquelle une France consciente de ses origines et de ses valeurs ne peut raisonnablement se reconnaître. »

Refus de « voir "leur" France livrée au culte du volontarisme et de la réussite »

C'est par ces mots forts et empreints de sincérité que commence un manifeste politique publié hier par une liste de cent personnalités issues du monde de la politique, de l'art, des médias et même du sport, de Jérôme Cahuzac à Richard Anconina, de Pierre Ménès dit « Pierrot le Foot » à Guillaume Musso, de Jean-Marc Morandini à Christophe Maé en passant par Dominique Voynet et Philippe Candeloro : tous *« refusent de voir "leur" France livrée au culte du volontarisme et de la réussite »* et enjoignent au gouvernement de *« ne pas céder aux sirènes ravageuses de la croissance économique et de la paix sociale »*. Se défendant de toute approche constructive et s'interdisant de formuler la moindre orientation ou proposition concrète, le manifeste se fait fort d'adopter un ton résolument catastrophiste, encourageant les Français à *« céder sans honte à la panique face à cette politique du mieux-aller qui ne sied pas à un pays timoré comme le nôtre, célébré partout dans le monde pour son défaitisme chronique et sa nostalgie d'une grandeur révolue »*.

Retrouver cette hauteur narquoise et méprisante

Le message est clair : si la France veut retrouver ce rang de puissance déchue et perpétuellement inquiète face à l'avenir auquel elle tient tant, son président doit retrouver *« cette hauteur narquoise et méprisante, cette déconnexion vis-à-vis des citoyens et de leurs préoccupations, cette médiocrité dans la poursuite d'intérêts personnels stériles »*.

Pour les auteurs, il s'agit là d'un geste qui demandera *« vision, courage, et pugnacité, mais qui ne peut être que salutaire. Car pourquoi changer ? Le passé, c'est l'avenir »*.

D'APRÈS UN RAPPORT D'EXPERTS, « LA FRANCE N'EST PAS PRÉPARÉE À TANT DE BIEN-ÊTRE ET DE STABILITÉ »

Une étude du Conseil économique, social et environnemental (CESE) tire la sonnette d'alarme en estimant que la France *« n'est tout simplement pas prête à tant de bien-être et de stabilité »*. L'embellie actuelle de la situation du pays – en contradiction directe avec ses valeurs cardinales d'apitoiement et de pessimisme et au sortir d'une si longue période de stagnation économique, de climat social délétère et de fronde politique généralisée – est *« porteuse de risques »* selon le CESE. Face à une transition trop brutale entraînant malaise existentiel et perte de repères, *« les Français pourraient se replier vers l'état de morosité et d'aigreur qui leur est plus familier et qui les rassure »*.

Faute de crédits, Arianespace maintenant sponsorisée par Fleury Michon

À la suite des nouvelles coupes budgétaires imposées par la démocratisation du tourisme spatial *low cost*, la société, en charge notamment de l'exploitation des lanceurs Ariane et Vega, a été contrainte de se tourner vers des financements privés. Fleury Michon, la tentaculaire entreprise agroalimentaire vendéenne et leader sur les marchés du surimi et de la charcuterie libre-service, a répondu présent.

Ariane 5 mise aux couleurs de la marque

Le prochain lancement commercial d'Ariane 5, qui doit placer en orbite un satellite de télécommunications chinois le 23 septembre depuis le pas de tir de Kourou, verra la première concrétisation visuelle de ce nouveau partenariat. La fusée, d'une hauteur de 55 mètres pour 5,4 mètres de diamètre, sera dotée d'une livrée aux couleurs de Fleury Michon, le célèbre liseré rouge sur fond vert. Seront également et surtout apposés des adhésifs publicitaires représentant les produits phares de la marque : le lanceur principal figurera ainsi une tranche de jambon de Paris « à l'étouffée » roulé en torchon, tandis que les deux propulseurs d'appoint latéraux seront respectivement ornés d'un bâtonnet de surimi et d'une aiguillette de poulet braisé.

« On fait des fusées nous ici, pas la Route du Rhum »

Du côté d'Arianespace, on grince plus des dents qu'on ne se lèche les babines devant ce qui est largement vécu comme une compromission et le dévoiement

d'une noble mission. *« Si on voulait avoir le rayon charcuterie d'Intermarché collé au derrière, on ferait le Tour de France ou la L2 de football,* maugrée un ingénieur basé au siège d'Évry. *On fait des fusées nous ici, pas la Route du Rhum. »*

Las, ces protestations sont peu susceptibles de changer la donne. La recherche et l'exploitation spatiale, assurément pas une priorité dans le contexte de convalescence économique actuel, sont sous pression budgétaire. Stéphane Israël, président d'Arianespace, le répète à l'envi à ses troupes offusquées : la France ne sera ni la première ni la dernière nation spatiale à recourir à pareil stratagème. *« Le futur lanceur SLS de la NASA est d'ores et déjà sponsorisé et cofinancé par Taco Bell et les chips Doritos »*, rappelait ainsi le dirigeant dans un mémo interne dont Le Gorafi a pu se procurer une copie.

KIM JONG-UN PRÉTEND AVOIR TROUVÉ UNE ROUTE POUR REJOINDRE L'INDE PAR LA MER EN DIRECTION DE L'EST

Le dictateur nord-coréen affirme être parvenu à rallier Bombay en Inde en prenant une route maritime en direction de l'est. L'information confirmée par plusieurs sources de renseignement fait état du retour de plusieurs navires au pays après de nombreuses années d'exploration en mer. Ces expéditions clôturent la campagne scientifique mise en œuvre depuis 2013 par Kim Jong-un et visant à vérifier l'exactitude des cartes mondiales. Mais de récentes observations pourraient pousser la Corée du Nord à lancer une nouvelle campagne pour vérifier l'existence du nouveau continent situé au sud de l'Europe.

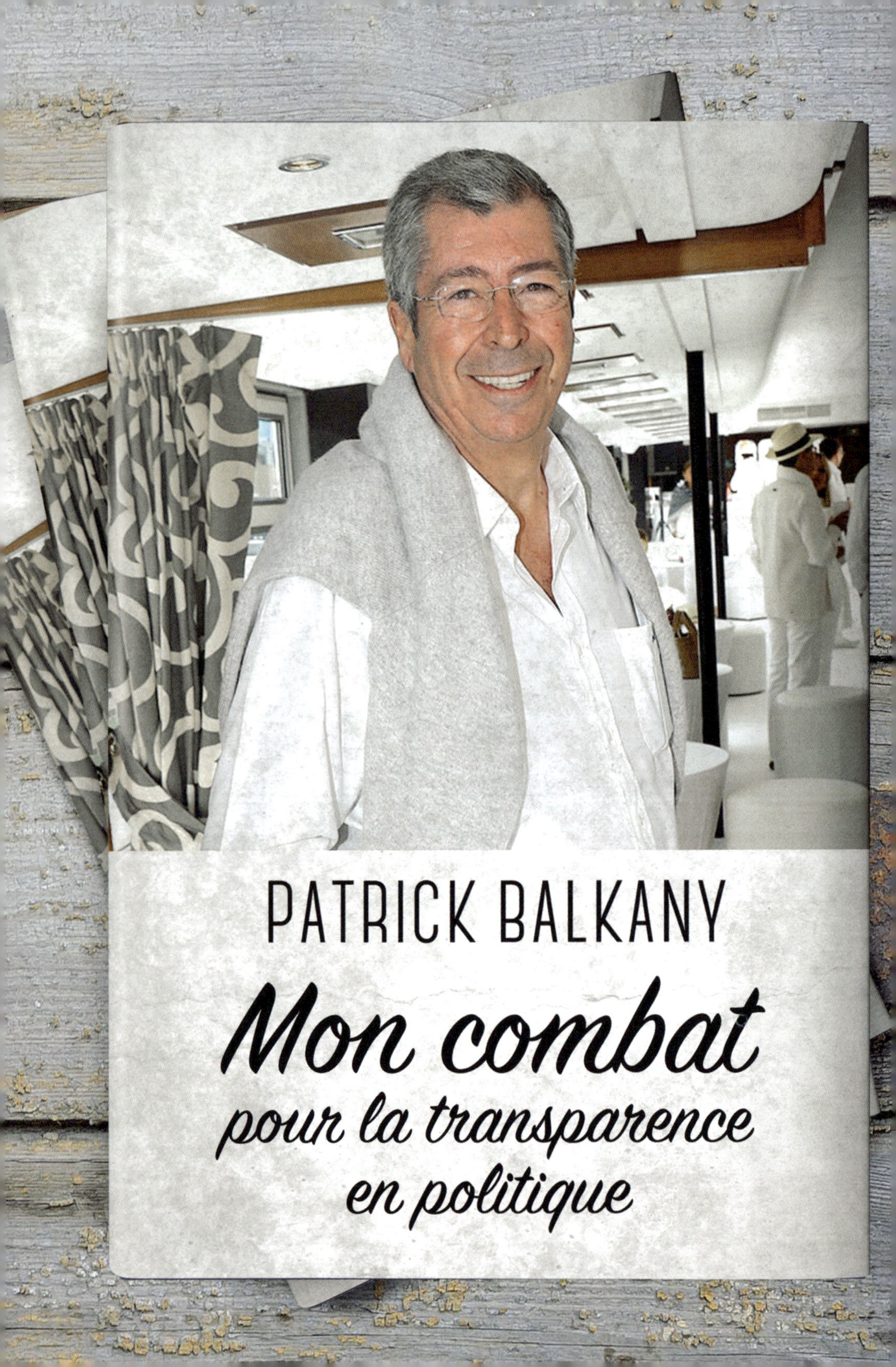
PATRICK BALKANY
Mon combat
pour la transparence
en politique

HOROSCOPE 2017
Scorpion

Les astres sont très en colère contre vous. Mercure est dans tous ses états ! Vous serez un peu son bizuth, et il vous collera des petits taquets tout au long de l'année, voire un shampooing en vous frictionnant le cuir chevelu le poing fermé, juste à côté de la salle des profs. Mercure est FURIEUX !

AMOUR

Vous rencontrerez un nain à un barbecue, et tomberez sous son charme. Son charisme, sa confiance en lui et son double menton vous rappelleront Édouard Balladur. Vous ferez ensemble le tour d'Italie à vélo, et deviendrez très complices. Malheureusement, il finira par vous tromper avec votre meilleure amie : ils auront ensemble deux enfants, qui auront des pouvoirs magiques comme dans *X-Files*.

TRAVAIL

R.A.S. Rien à signaler.
Ah non, pardon, j'ai confondu avec R.S.A. Vous serez au RSA. Vous mangerez des pâtes tous les jours et regarderez des séries sur votre ordinateur au lieu de vivre des choses intéressantes pendant que vous en avez le temps.

SANTÉ

À la suite d'une attaque de pigeons au square (car vous aurez insulté leur chef), vous devrez vous faire amputer de la jambe gauche. On vous installera une jambe de bois, ce qui vous donnera l'air d'un pirate. Malgré vos nombreuses demandes pour une prothèse moderne, les chirurgiens seront tous d'accord pour vous dire que *« le style pirate vous va super bien »*, et ils refuseront de vous la changer. Ils vous offriront en compensation un beau perroquet.

Le Gorafi www.legorafi.fr

NOVEMBRE 2017

Attentat dans un pays lointain et arabe : sûrement des morts... p. 214

L'arrivée de la neige sauve iTélé du plan social... p. 204

Le retour de l'honnêteté dans les transactions menace le métier d'agent immobilier

... p. 206

Légalisation du cannabis : 300 000 dealers réclament un fonds d'urgence pour leur reconversion

... p. 208

Paris : plusieurs personnes ayant respiré de l'air pur hospitalisées

... p. 212

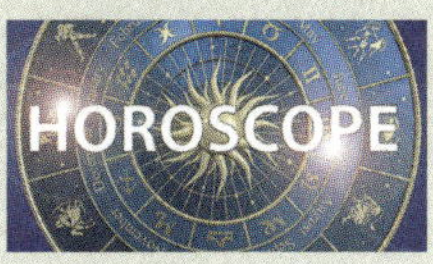

SAGITTAIRE... p. 217

L'arrivée de la neige sauve iTélé du plan social

C'est avec une joie non dissimulée que la totalité de l'équipe d'iTélé a accueilli l'arrivée de la neige aujourd'hui. Un épisode neigeux qui permet d'envisager l'avenir avec plus de sérénité et d'éviter de nombreux licenciements.

*« **Les sujets sur la neige** représentent environ 50 % de notre activité hivernale. Il est évident qu'en l'absence d'épisodes neigeux nous aurions été obligés de licencier s'il avait fallu faire face à une deuxième année sans neige »*, explique Alexandre Halimi, directeur de l'antenne.

Si la nouvelle a ravi tous les journalistes, elle ne les a toutefois pas surpris

« Il faut dire qu'on avait fait le nécessaire, révèle Camille, 34 ans, en poste à iTélé depuis six ans. *L'année dernière, on n'avait pas été assez prudents. Mais là, depuis le mois de novembre, il y a trois exorciseurs marabouts qui travaillent constamment avec nous pour chasser le mauvais sort. Nous avons également multiplié les incantations à Borée, le dieu du Vent du nord, avec des bougies en or comme offrande et du papier blanc pour représenter les flocons. Sans oublier bien sûr de tapisser la salle de réunion de drapeaux scandinaves. »*

« Trois exorciseurs marabouts »

Enfin, ce n'est pas seulement l'assurance de ne pas perdre leur emploi qui réjouit l'équipe, ce sont également les perspectives que cette arrivée de la neige offre aux journalistes : *« C'est vrai qu'après avoir fait plusieurs sujets en automne sur la chute des feuilles, la baisse de la consommation des marrons et le beaujolais nouveau, ça fait du bien de s'attaquer à des sujets de fond »*, témoigne Leïla, 23 ans, stagiaire. *« C'est peut-être un peu ambitieux, mais je me dis que, si je continue comme ça, je vais peut-être pouvoir couvrir le baccalauréat 2018 à la fin de l'année scolaire ! »* conclut-elle, pleine d'espoir.

TEDDY RINER REMPORTE LA ROUTE DU RHUM

C'est une première pour le judoka, et c'est un coup de maître ! Teddy Riner a remporté la Route du Rhum avec huit jours d'avance. Il est arrivé à bon port, ce matin, sous les cris d'une foule venue l'accueillir en nombre. C'est tout sourire qu'il a raconté sa folle aventure aux journalistes : *« Bah c'était facile ! Le président m'en devait une, alors il m'a prêté un sous-marin nucléaire. »*

Le retour de l'honnêteté dans les transactions menace le métier d'agent immobilier

Alors que l'absence d'agression dans les transports a fait chuter le marché de l'automobile et que le métier d'économiste est menacé de disparition par la stabilité de la croissance, une autre profession est à son tour en voie d'extinction en raison du retour à l'honnêteté : celle d'agent immobilier.

Ils étaient nombreux à exprimer leur colère ce matin dans les rues de la capitale. Tous dénoncent des règles trop strictes et un encadrement qui pousse quasiment à l'intégrité. *« Si on nous demandait de n'arnaquer qu'un client sur deux, il suffirait d'arnaquer doublement le client en question pour rentrer dans nos frais, mais là c'est l'impasse »*, explique Loïc, agent immobilier chez Quéro, à Épinay-sur-Seine.

« Les acquéreurs et les propriétaires essayent constamment d'être arrangeants. Je ne peux même plus faire semblant d'avoir réussi à faire baisser le prix ou faire croire qu'un autre acheteur est sur le coup pour accélérer la vente », se lamente Chloé, 26 ans. *« Il y a même certains particuliers qui vendent leurs biens en listant les défauts, on ne sait plus quoi faire »*, témoigne Vincent, 32 ans.

Une situation qui commence également à toucher les banques, Le CIC d'Enghien-les-Bains et la Caisse d'épargne de Rambuteau ayant même dû fermer leurs portes. Face à cette situation, certains, comme Guillaume Féret, envisagent le pire : *« Je crois que je vais me reconvertir*

comme plombier ou serrurier, voire garagiste, pour retrouver le goût du mensonge.» Selon une étude récente, une trop grande honnêteté dans les transactions pourrait avoir de graves conséquences à l'avenir et pourrait même conduire, à terme, à la disparition pure et simple de toute la région PACA.

L'ENFANT DE 8 ANS ENTENDU COMME TÉMOIN ASSISTÉ DANS UNE AUTRE AFFAIRE DE BISCUITS VOLÉS

L'enfant de 8 ans accusé d'avoir terminé le paquet de biscuits a été une nouvelle fois convoqué dans les locaux de la brigade des mineurs pour y être entendu par un juge d'instruction. L'enfant est cette fois-ci auditionné sous le statut de témoin assisté dans le cadre d'une enquête portant sur la disparition d'un paquet de biscuits de type cookies datant de plusieurs années dans la même cuisine.

Légalisation du cannabis : 300 000 dealers réclament un fonds d'urgence pour leur reconversion

Les premières conséquences négatives de la légalisation du cannabis n'auront pas tardé à se faire sentir : plus de 300 000 dealers vivraient actuellement en dessous du seuil de pauvreté et militent activement pour que le gouvernement débloque des fonds pour les aider dans leur reconversion. Reportage.

La situation à la périphérie de Paris est, selon le ministre de l'Intérieur, *« très préoccupante »*. Mais c'est à Marseille que la situation est la plus critique puisque plusieurs quartiers entiers de la cité phocéenne seraient actuellement gagnés par la famine. Les vols de sacs à main de petites vieilles rendus impossibles, les citoyens n'hésitant plus à intervenir en nombre contre les agresseurs, il devient de plus en plus difficile pour les caïds de subvenir à leurs besoins. Seuls quelques-uns d'entre eux parviendraient à survivre grâce à quelques braquages et des cadeaux d'élus locaux qui tentent de fidéliser leur clientèle.

Mais tout le monde vit dans la peur que le bien continue à gagner du terrain. *« On ne pourra pas tenir longtemps comme ça »*, explique un habitant de la cité Consolat.

Difficile pour les caïds de subvenir à leurs besoins

Devant cette situation d'urgence, le gouvernement n'a pas tardé à réagir et réfléchirait à débloquer un fonds d'aide de plusieurs milliards de dollars pour permettre aux dealers de faire face avant de trouver une nouvelle voie. Afin d'éviter les fraudes, un certain nombre de

conditions pour se voir attribuer la subvention ont été mises en place. Mais le gouvernement a tenu à ce que celles-ci ne soient pas trop restrictives afin de permettre à un maximum de dealers d'en bénéficier. Il suffira, pour y avoir droit, de justifier de la détention d'armes de guerre, du meurtre de deux membres minimum d'un gang concurrent et d'un lien de parenté avec Jean-Noël Guérini.

LE JEUNE HOMME QUI PARLE L'ELFIQUE ET LE DOTHRAKI TOUJOURS AU CHÔMAGE EN 2017

Le cas de Léonard, 32 ans, est régulièrement évoqué depuis 2015 dans la presse et les interventions politiques pour illustrer le problème grandissant de la surqualification des jeunes. L'année 2017 ne devrait pas déroger à la règle, puisque le Nantais surdiplômé continue de naviguer entre alternances, CDD et petits boulots alimentaires. Féru de pop-culture, auteur d'une thèse sur *« la figure du père dans l'univers Marvel »*, le jeune homme est pourtant un linguiste confirmé, polyglotte parlant couramment l'elfique, le dothraki et le klingon, et possède une *« compétence professionnelle aguerrie »* en langages de la Bordure extérieure : Jawa, Wookie et Ewok, pour ne citer qu'eux.
Des talents *« encore trop spécifiques »* selon son agence d'intérim, *« qu'il conviendrait de compléter avec une formation plus généraliste, en araméen ou en occitan par exemple »*.

Baisse de consommation d'antidépresseurs, des millions d'emplois menacés

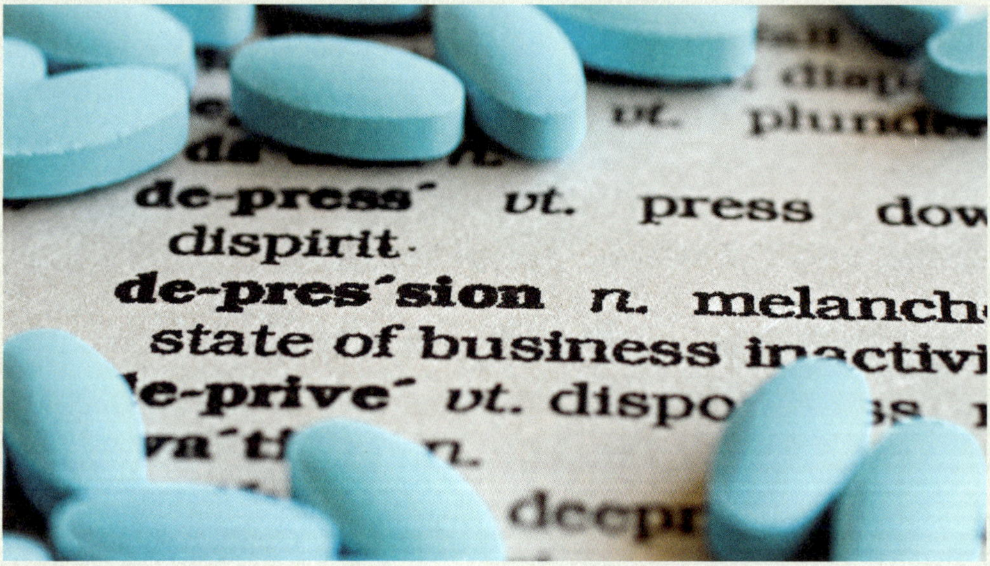

La France entame son deuxième mois en tant que pays le plus heureux au monde avec des conséquences fâcheuses pour l'industrie pharmaceutique. Les Français, qui étaient les premiers consommateurs d'antidépresseurs en Europe, sont désormais classés 56e.

Les pharmacies doivent faire face à plusieurs milliers d'unités d'invendus qui seront probablement détruits. L'industrie pharmaceutique s'inquiète et a déjà mis de nombreuses usines au chômage technique en attendant que la crise passe, si elle passe. « *Dans l'immédiat et pour plusieurs mois, les Français semblent* *très, très heureux, il faudrait quelque chose de terrible comme l'annulation subite d'une télé-réalité pour que les choses changent réellement»*, explique un expert.

Des milliers d'emplois sont probablement aujourd'hui menacés par cette pénurie de mauvaise humeur et de dépression. D'ici à la fin de l'année, pas moins de cinq ou six usines risquent de fermer, avec plusieurs milliers de chômeurs à la clé. Les syndicats se mobilisent déjà et exigent du gouvernement des décisions fortes et impopulaires pour faire remonter les ventes.

La CGT a demandé officiellement à rencontrer le Premier ministre pour lui présenter une liste de mesures totalement impopulaires qui devraient vraiment déprimer les Français et faire revenir la consommation à un rythme normal. Selon Philippe Martinez, il n'y a qu'une seule issue possible : *« Le gouvernement doit faire quelque chose de mal au plus vite, quelque chose de vraiment pas bien. »*

JO 2024 : LES MEMBRES DU CIO ÉLIMINENT BUDAPEST APRÈS AVOIR DÉCOUVERT QU'ELLE ÉTAIT SITUÉE EN HONGRIE

Lausanne – La décision d'écarter Budapest de la course aux JO de 2024 vient d'être annoncée. Un choix pris à l'unanimité après que les membres du Comité international olympique ont consulté Google Maps pour vérifier où était située la Hongrie. *« On pourrait peut-être revoir notre position si la Hongrie était déplacée près de l'océan Pacifique, mais, en l'état, c'est mort »*, a déclaré Thomas Bach, son président, avant d'ajouter : *« Attendez, Budapest, c'est la Hongrie ou la Roumanie ? J'ai toujours le doute. »*

Paris : plusieurs personnes ayant respiré de l'air pur hospitalisées

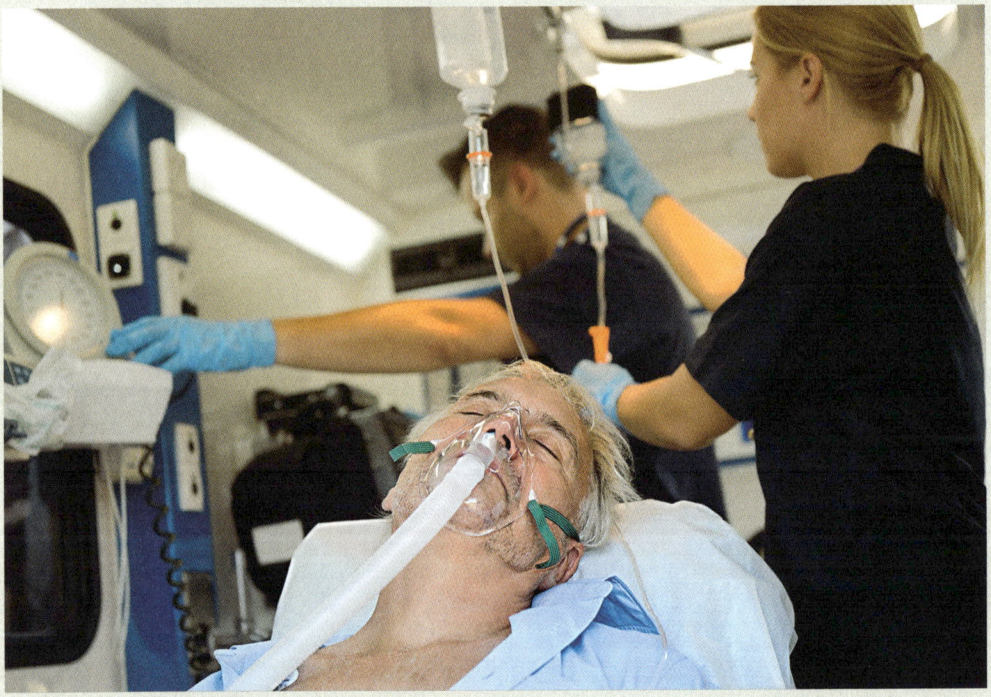

Les pompiers sont intervenus à plusieurs reprises ces derniers jours dans Paris et sa proche banlieue à la suite de ce qui semble être des intoxications à un air trop pur.

Les patients n'étaient pas préparés à vivre dans un environnement sain et sans particules fines, et leur corps ne l'a pas supporté. « *Nous avons des personnes qui ont fait des malaises chez elles ou dans la rue. La plupart doivent être placées dans un* *caisson avec de l'air pollué »*, a ainsi expliqué un pompier, après avoir secouru une jeune femme brûlée aux poumons à la suite d'un jogging effectué près du périphérique.

Leur corps ne l'a pas supporté

Le gouvernement a répondu en prenant plusieurs mesures pour faire remonter la pollution. D'une part, en commandant près de soixante millions de bouteilles d'ozone et de CO_2 et, d'autre part, avec la mise en place d'une prime au pot d'échappement non catalytique. Les Français sont aussi invités à brûler tout ce qu'ils ont sous la main pour refaire un nuage de pollution convenable. *« Nous espérons un retour de la pollution urbaine sous huit jours »*, se félicite le ministère.

Cet épisode n'est pas sans rappeler la vague d'hospitalisations survenue la semaine dernière après que de nombreuses personnes ont ingéré des fruits et des légumes sans pesticides ainsi que de l'eau non chlorée.

L'ENFANT DE 8 ANS AVOUE ÊTRE L'AUTEUR DU VOL DE BISCUITS

L'enfant accusé d'avoir terminé le paquet de biscuits est passé aux aveux ce matin dans les locaux de la brigade anticriminalité. Principal suspect depuis le début de l'enquête, l'enfant de 8 ans aurait déclaré à l'inspecteur en charge de son audition être prêt à se mettre à table contre une protection rapprochée ainsi que la possibilité de refaire sa vie très loin d'ici sous une fausse identité. Proposition rejetée, selon l'avocat.

Attentat dans un pays lointain et arabe : sûrement des morts

Des terroristes ont fait exploser une bombe ou quelque chose comme ça dans un lieu public. L'explosion a probablement fait des morts et des blessés graves, mais on le rappelle : cet attentat a eu lieu dans un pays lointain et arabe. Les Français n'ont donc pas lieu de s'inquiéter.

Très loin de chez nous, tôt ce matin, dans un souk ou un autre lieu très exotique, c'est sans doute une voiture piégée qui a explosé, entraînant possiblement la mort de dizaines ou de centaines de personnes. Mais cela peut aussi être dû à un kamikaze, car toutes les hypothèses sont possibles dans ces pays arabes où la barbarie est quotidienne, loin, très loin de notre civilisation.

Aucun « *safety check* » n'a été mis en place par Facebook car *« l'Internet est encore une chose nouvelle dans ces pays désertiques »*. De plus, l'émoi suscité par cet attentat meurtrier et la solidarité internationale ont été proches du néant en raison du lancement en parallèle d'une vidéo de Kim Kardashian qui a fait le buzz. *« Il faudra attendre le prochain attentat, car cette fois-ci c'est raté... dommage ! »* commente Travis MacDowell, un expert.

Heureusement, aucun Français n'était présent sur place lors de l'explosion. Les conseils avisés du ministère ont été scrupuleusement suivis, et les Français ont donc soigneusement évité les destinations à risques pendant leurs semaines de congés payés. Une bonne nouvelle qui vient atténuer la gravité de ces tragiques événements. Le ministre des Affaires étrangères a déclaré à ce propos : *« Si les habitants de ces pays avaient aussi suivi nos conseils, ils ne vivraient plus sous la menace permanente des attentats, mais dans des terres plus accueillantes, comme l'île Maurice ou la Thaïlande, mes destinations favorites. »* Une leçon de bon sens à méditer.

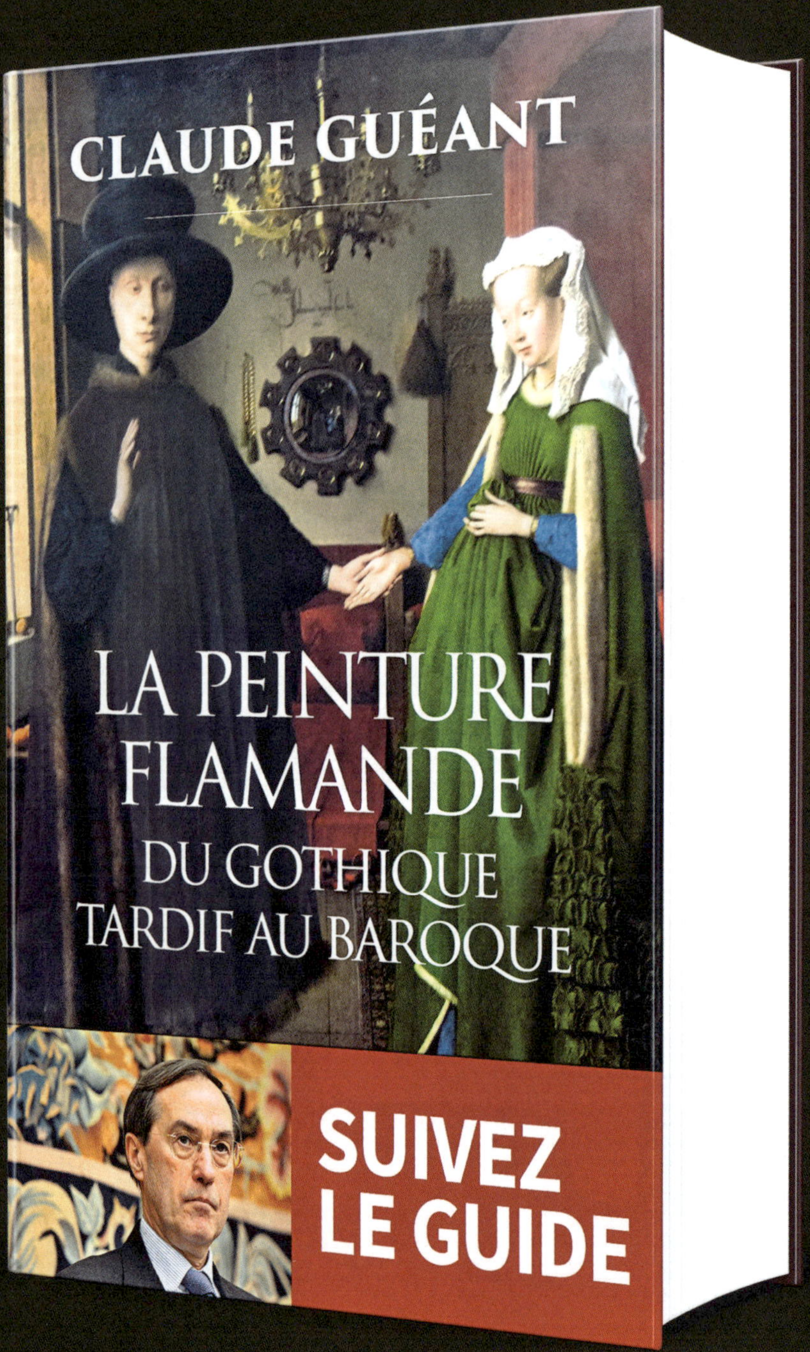
CLAUDE GUÉANT
LA PEINTURE FLAMANDE
DU GOTHIQUE TARDIF AU BAROQUE
SUIVEZ LE GUIDE

HOROSCOPE 2017

Sagittaire

Une année 2017 sous le signe de la bagarre ! Dès le 1er janvier, vous vous battrez avec une personne d'origine portugaise (le sujet de la dispute étant la cuisson des sardines). Restez sur vos gardes toute cette année, ouvrez l'œil et le bon. Vous aurez des ennemis partout.

AMOUR

Après deux semaines de vacances bien méritées en Loire-Atlantique, vous déciderez de vous marier avec Fred, le responsable du camping (c'est un tombeur). Malheureusement, le DJ de votre mariage sera très mauvais : il ne passera que des vieux albums de Faudel en précisant bien après chaque chanson que son soutien à Sarkozy, *« c'était une sale période de [sa] vie »* et qu'il vaut mieux que ça si on se penche sur ses débuts.

TRAVAIL

Corinne de la compta ira raconter à tous les responsables que vous n'en foutez pas une dès qu'ils ont le dos tourné (et que vous volez des stylos). Le service informatique vérifiera votre historique et découvrira tout un tas de choses sur vous, comme vos photos coquines. Ils les imprimeront et se les échangeront entre eux comme des cartes Magic. Vous devrez vous battre avec chacun d'entre eux pour les récupérer.

SANTÉ

On vous conseillera de faire un petit régime. Vous trouverez sur Internet le « régime albanais », qui consiste à ne manger que ce qu'on peut tuer de ses mains. Comme vous n'êtes pas très fort, vous vous limiterez aux carottes du supermarché.

Le Gorafi

www.legorafi.fr

DÉCEMBRE 2017

Parti acheter des cigarettes il y a trois jours, l'homme qui a fait quelque chose de bien n'est toujours pas revenu... p. 230

Le président démissionne de peur de faire quelque chose de mal... p. 226

Victoire du « non » au référendum sur la chasse au faisan, le président désavoué
... p. 222

Noël : L'huître graciée par le président n'a pas survécu
... p. 225

COP22 : Nicolas Hulot prononce un discours historique avant de déployer ses nageoires et de filer vers le grand large... p. 228

CAPRICORNE... p. 235

Afghanistan : les talibans déroulent une bâche de 650 000 kilomètres carrés pour se soustraire à la vue des drones américains

Il y a six jours, le général Joseph Votel, patron de l'US Central Command qui supervise les opérations américaines au Moyen-Orient et en Asie centrale, assiste à un briefing de routine et se fige d'un coup: sur l'écran de contrôle, transmis en direct par un drone de surveillance Global Hawk, apparaît, en lieu et place des montagnes beiges et ocre d'Afghanistan, une gigantesque nappe bleu foncé ondulant lentement au gré du vent. Incrédule, le général interroge son second : *« Bordel, mais qu'est-ce que c'est que ce truc, Steve ? »* L'officier demande un zoom sur la surface et l'examine longuement avant de déclarer, hésitant : *« On dirait une grande bâche, sir. De la toile de jute, à vue de nez. »* Les talibans, fatigués des frappes de drones qui font des ravages dans leur chaîne de commandement et qui ont notamment coûté la vie à leur chef le mollah Akhtar Mansour en mai 2016, viennent de mettre à exécution leur plan pharaonique préparé dans le plus grand secret depuis plus de cinq ans, au nez et à la barbe des Occidentaux.

La « talibâche »

La « talibâche », comme l'a surnommée la presse française, est tombée sur l'Afghanistan depuis maintenant presque une semaine, et des informations commencent à filtrer au compte-gouttes à son sujet. Elle recouvre une superficie de 648 374 kilomètres carrés, soit 98 % de la surface totale du pays à l'exception de Kaboul, Hérat et Mazâr-e Charîf, les trois plus grandes villes au-dessus desquelles les forces de sécurité sont parvenues à découper un trou grâce à leurs hélicoptères. La bâche semble composée pour l'essentiel de toile de jute héritée des sacs d'aide humanitaire accumulés depuis le début de l'intervention américaine en 2001, et détournés dès cette date par les talibans, à l'origine pour tresser un réseau de tyroliennes secret s'étendant de la province du Helmand jusqu'à leur bastion du Waziristan, en zone tribale pakistanaise.

Guinness Book Records

L'armée américaine est aujourd'hui un peu forcée d'admirer l'abnégation et l'imagination des talibans, qui se sont purement et simplement soustraits à la vue de son dispositif de surveillance. D'après des sources militaires locales, les plus hauts dignitaires du mouvement islamiste se déplacent maintenant en toute impunité, enfin libres de fouetter, châtier et persécuter les mécréants à l'air libre – ou presque. En effet, cet été sous la talibâche, les températures ont rapidement grimpé à plus de 53 °C – le seuil de tolérance pour un être humain adulte – sans émouvoir outre mesure l'état-major taliban. *« C'est vrai, les femmes et les enfants tombent comme des mouches, mais grâce à Dieu la charia est enfin respectée »*, a simplement déclaré son porte-parole à Al-Jazeera.

Invités hier par la Guinness World Records Organization à Dublin pour récupérer leur certificat de « record du plus grand ouvrage textile du monde », les talibans ont aussitôt accepté, entendant *« profiter de l'occasion pour semer la mort et la destruction chez les infidèles roux »*. L'organisation devrait vraisemblablement s'en tenir à un envoi du certificat par la poste.

L'ENFANT DE 8 ANS POURRAIT BIEN ÊTRE LE CERVEAU D'UN RÉSEAU DE RECEL DE PETITS GÂTEAUX

L'enquête sur le vol de petits gâteaux avance vitesse grand V depuis les aveux de l'enfant de 8 ans. De nouveaux témoignages ont permis de faire tomber l'intégralité du réseau que le suspect dirigeait d'une main de fer. Contrôlant un territoire d'une superficie équivalente à celle du Loiret, l'enfant de 8 ans écoulait jusqu'à huit paquets de barquettes aux fruits par semaine, pour un chiffre d'affaires pouvant aller jusqu'à plus de 29,99 euros par mois.

Plusieurs partis politiques ont déjà déclaré leur flamme à l'enfant accusé d'avoir terminé le paquet de gâteaux. *« Ce petit ira loin, il a la fourberie dans le sang »*, déclarait au petit déjeuner un certain Jean-François Copé. Les Républicains lui auraient même déjà fait une proposition dans le but de l'intégrer le plus rapidement dans leur centre de formation.

Victoire du « non » au référendum sur la chasse au faisan, le président désavoué

Les résultats sont tombés : les Français se sont prononcés hier à 64 % en faveur de l'interdiction de la chasse au faisan. Le pari était risqué, la sanction est sans appel. En plaçant son mandat dans la balance de ce poker menteur, le président de la République souhaitait légitimer par les urnes une politique qui n'en finit pas de décevoir par son corollaire de bonnes nouvelles à double tranchant. Le peuple a parlé.

Un enjeu anodin – en apparence seulement

Est-ce cet oiseau craintif d'une soixantaine de centimètres, aux allures de paon du pauvre et deuxième gibier le plus tiré en France derrière le pigeon ramier, qui aura raison d'une présidence entamée il y a six mois sous les vivats ?

« *Tout porte à le croire,* selon Serge Peuch, journaliste politique à *Sud-Ouest*. *En organisant un référendum sur un sujet déjà intrinsèquement clivant, l'homme qui a fait quelque chose de bien sollicitait en filigrane une approbation de sa politique. Mais les Français ne sont pas dupes et se sont prononcés autant, sinon plus, sur les enjeux sous-jacents à ce débat d'arrière-garde.* » En d'autres termes, le président a lancé un boomerang qui lui revient aujourd'hui en plein visage. En effet si, selon les derniers sondages, entre 30 et 35 % des votants se sont bel et bien prononcés sur la seule question de la chasse au faisan, les 70 % restants, soit près de 45 millions de Français, ont profité de cette occasion pour sanctionner la politique outrageusement bien intentionnée de l'homme qui a fait quelque chose de bien. De fait, sur les 64 millions de votants – un taux de participation historique pour ce type de scrutin –, 80 % confessaient à la sortie des urnes ne pas savoir « *avec certitude* » ce qu'était un faisan.

Démission gaullienne ou jospinienne ?

Incontestablement désavoué, le président devra quoi qu'il en soit tirer toutes les conséquences de cette expression de la souveraineté populaire.

Ce dimanche, les prévisions allaient déjà bon train quant à la tonalité que prendrait l'annonce officielle de cet échec, et la démission qui suivrait inévitablement : un retrait gaullien, avec panache et empreint de conviction, ou une déconfiture abasourdie à la Jospin en 2002 ?

L'annonce officielle de cet échec

Nul ne le sait encore. Mais les termes de cette défaite ne sont pas les seules inconnues de cette équation politique. En se prononçant sur à peu près tout sauf la question posée, beaucoup de votants s'inquiètent désormais des conséquences potentielles d'un scrutin peu éclairé : explosion de la population de faisans, ravages des cultures et des habitations, tourisme sinistré...

Dès la sortie des urnes, le moteur de recherche Google enregistrait ainsi un pic de requêtes aux termes édifiants : « Qu'est-ce qu'un faisan ? », « Quelles sont les conséquences d'un envahissement de faisans ? », « Qu'est-ce qu'un référendum ? », « Faut-il vraiment aller voter ? »

Au vu de l'onde de choc en France et en Europe, l'Allemagne voisine, qui devait organiser un référendum très attendu en mars sur le design du prochain cabriolet Mercedes, pourrait être tentée de repousser, voire annuler ce scrutin à risques.

Liste au Père Noël falsifiée : un enfant de 6 ans devra répondre des chefs d'abus de confiance et de faux en écriture publique

« *Choquée* », « *déçue* » mais surtout « *très triste* » : la maman du petit Matéo laissait libre cours à sa colère hier devant le tribunal d'instance d'Albi, devant lequel son fils de 6 ans est poursuivi dans le cadre d'une affaire de falsification de sa liste au Père Noël.

Matéo ne passera pas Noël en famille. Pour son père Jean-Luc, en postant au Père Noël une liste « *totalement différente* » de celle sur laquelle ils s'étaient accordés, « *il a trahi la confiance des siens* ». Et pour cause : livres et puzzles remplacés par des Lego Star Wars, déguisement de shérif substitué au pull en laine habituel, ajout d'une Nintendo DS. Le préjudice est évalué à une bonne centaine d'euros, « *une folie* » pour ces parents cadres supérieurs dans la finance.

Mais si la culpabilité de Matéo est établie, un élément continue d'intriguer les enquêteurs de la PJ de Toulouse, chargée de l'enquête : *« Il y a des ratures, des taches de gras, les gommettes sont mal placées... Le faux est grossier »*, à croire que le garçon voulait se faire attraper. *« Peut-être un repentir, en vue de dénoncer un réseau qui l'aurait assisté dans son entreprise criminelle ? »*

Récidiviste

Les parents frémissent à l'idée d'imaginer la participation de leur enfant à une association de malfaiteurs, mais n'envisagent pas sérieusement l'hypothèse pour autant, convaincus que Matéo est bien assez désaxé pour avoir commis seul son forfait. *« Il a déjà eu affaire à la justice il y a deux ans, après avoir soi-disant oublié de rendre les figurines avec lesquelles il jouait à la garderie,* explique Jean-Luc en faisant des guillemets avec les doigts pour montrer combien il ne croit pas à la version de son fils. *On l'a dénoncé, et il a été inculpé pour vol avec préméditation et recel, mais s'en est tiré grâce à un vice de procédure. »*

« On l'a dénoncé, et il a été inculpé pour vol »

Signe de la gravité de l'affaire, le garde des Sceaux Jean-Jacques Urvoas, sous le feu des critiques depuis le début de l'affaire, a envisagé hier matin au micro de RMC un rétablissement des peines plancher pour les mineurs récidivistes de moins de 10 ans. Ce qui constituerait un revirement radical de la politique pénale du gouvernement, et un début de victoire pour les parents de Matéo : *« Si notre drame peut au moins aider à faire avancer la justice, c'est évidemment une consolation. »* Placé en détention provisoire à la maison d'arrêt d'Albi, le petit Matéo encourt jusqu'à quinze ans de réclusion criminelle.

NOËL : L'HUÎTRE GRACIÉE PAR LE PRÉSIDENT N'A PAS SURVÉCU

La mauvaise nouvelle est tombée dans la matinée. Marlène, l'huître que le président avait décidé d'épargner à quelques jours de Noël, est décédée de mort naturelle à l'hôpital Necker de Paris. Une première autopsie révèle qu'elle se serait laissée mourir et aurait refusé de s'alimenter depuis sa grâce. *« Les huîtres sont des animaux sociables. Une huître seule ne peut pas survivre loin de ses congénères »*, explique un spécialiste des animaux à coques. La série noire se poursuit donc, après le décès du jeune Latino qui avait été gracié par Donald Trump à l'occasion de Thanksgiving.

Le président démissionne de peur de faire quelque chose de mal

C'est en envoyant 65 millions de lettres avec accusé-réception que le président a informé les Français de sa démission. Il y explique avec des mots simples et bien choisis qu'il ne souhaite désormais plus occuper la plus haute fonction de l'État, de peur de faire quelque chose de mal.

C'est une décision qui marquera l'histoire de la Ve République. Après seulement sept mois au pouvoir, le président vient de présenter officiellement sa démission. Tôt ce matin, tous les Français ont pu recevoir en main propre la lettre du président leur annonçant son départ (cela a coûté plus de 75 millions d'euros à l'État, *« mais c'était une question d'honneur »*, selon les proches du président).

Après le choc de cette information, il faut s'interroger sur les causes profondes de cette démission (la seconde, après celle du général de Gaulle, notre père à tous). Selon près de 80 % des experts autoproclamés, *« les cinq mille réformes amorcées par le président allaient tout de même dans le bon sens »* et *« cela n'aurait pas été très grave que le président fasse quelque chose de mal, il n'aurait pas pu faire pire que les autres »*.

En effet, si le président a quitté son poste, c'est, selon lui, qu'il craignait de mal agir, et de donner une image déplorable des politiques. Selon les termes de la lettre, il avait déjà été tenté par l'idée d'éventuellement *« emprunter un billet de 10 euros dans les caisses de l'État »* pour s'acheter une *« cravate en solde »*. Un acte impardonnable qui l'aurait selon lui *« dévasté »*.

« Il n'aurait pas pu faire pire que les autres »

Les fonctions présidentielles sont aujourd'hui confiées au président du Sénat (dont tout le monde a oublié le nom) jusqu'à ce que de nouvelles élections soient organisées dans les plus brefs délais. La France pourra donc reprendre son ancien visage : celui de l'oligarchie gangrénée par la corruption (que réclamaient déjà une majorité de Français).

ÉCHECS : GARRY KASPAROV BATTU PAR UN RAGONDIN

Vraisemblablement émoussé par son engagement politique sans concession contre Vladimir Poutine, le prodige russe des échecs a essuyé hier à Helsinki une cuisante défaite en dix-huit coups contre Croki, un ragondin mâle de 6 ans, lors d'une compétition amicale organisée par le zoo municipal. Beau joueur, Garry Kasparov a serré la patte de l'animal avant de se prêter de bonne grâce au jeu des interviews croisées.

COP22 : Nicolas Hulot prononce un discours historique avant de déployer ses nageoires et de filer vers le grand large

« *Historique* », « *poignant* », « *bouleversant* », « *waow* »... Les éloges continuent de pleuvoir ce matin sur Nicolas Hulot et ce qui s'apparente, rétrospectivement, à son discours d'adieu alors que l'écologiste, repéré par un chalutier au large du Havre à l'heure où nous écrivons ces lignes, a d'ores et déjà dû gagner la haute mer.

Ayant été « au bout de son cycle de vie tellurique », celui qui avait brièvement caressé l'idée d'une candidature en 2017 a annoncé depuis la place de la Concorde à Paris « *prendre congé de ses compatriotes bipèdes* », ne pouvant raisonnablement continuer à partager « *leur mode de vie cataclysmique* ».

L'écologiste a pris congé de ses « compatriotes bipèdes »

En effet, le créateur d'« Ushaïa », qui partage avec EELV le goût des revers électoraux et avec Bernard Thibault celui des casques capillaires des années 1980, est apparu fatigué de l'inconscience de ses semblables et de l'absence de projet écologique en France, au-delà des scissions et des frasques : « *J'ai pris la décision de partir après avoir découvert la liaison secrète de Cécile Duflot avec Jean-Vincent Placé. De vous à moi, c'était ça ou me plaquer un sac plastique sur les branchies.* »

Juché sur le parapet du pont Alexandre-III, « *le cœur lourd mais l'esprit clair* », il a alors déployé ses cinq nageoires et dévoilé son évent, avant d'effectuer un plongeon à ringardiser le finish des orques de SeaWorld. Alors qu'il refaisait surface au niveau du pont du Garigliano, quelques badauds étonnés ont pu admirer les dernières cabrioles d'un Nicolas Hulot libéré de ses entraves terrestres, en route vers ses semblables et vers le monde qu'il n'aurait jamais dû quitter.

Parti acheter des cigarettes il y a trois jours, l'homme qui a fait quelque chose de bien n'est toujours pas revenu

« Vous avez vu le président ? », *« Quelqu'un l'a vu partir ? »*, *« Il faut interroger tout le monde »*. Dans les couloirs lambrissés de l'Élysée, l'inquiétude cède peu à peu le pas à la panique – cette panique feutrée et policée propre aux lieux de pouvoir. Et pour cause : le président de la République a disparu depuis maintenant soixante-douze heures. Nul ne sait où il est.

Les théories vont bon train – une seulement paraît crédible

Parti faire un flipper qui s'éternise ? Rentré chez lui en Charente ? Caché quelque part à Neuilly-sur-Seine, où se retirent les hommes politiques déchus pour mourir ? Face au mystère le plus total, les théories vont bon train et se valent toutes – ou presque.

Il est une hypothèse qui tient un peu plus la corde que les autres. C'est un gendarme, de faction devant l'Élysée il y a trois jours, qui la livre devant un parterre de collaborateurs médusés.

« Le président est sorti à 20 h 41. Il était habillé en civil, et portait un petit sac de week-end, type polochon, raconte le militaire. Quand je lui ai fait remarquer qu'il ne pouvait pas se déplacer seul comme ça, il m'a dit qu'il allait simplement acheter des cigarettes et qu'il revenait. »

Le président dont nous avions besoin, pas celui que nous méritions

Dans le salon Murat qui fait office de cellule de crise improvisée, le récit fait l'effet d'une bombe. Jean-Pierre Jouyet, indéboulonnable secrétaire général de l'Élysée resté discrètement avec les meubles à l'issue de la présidence Hollande, traduit pour les quelques collaborateurs qui n'auraient pas lu entre les lignes : *« C'est un code bien connu pour filer à l'anglaise, un truc de père de famille en crise existentielle. On dit qu'on va acheter des cigarettes ou descendre les poubelles et, hop, on disparaît à jamais de la circulation.* »

Mentalement, chacun se rejoue alors les scènes des derniers jours : l'explication n'en paraît que plus plausible. Lassitude, déception, impatience, ambition contrariée, conviction ébranlée ? On ne saura probablement jamais avec certitude ce qui a motivé le départ en pleine nuit de l'un des présidents les plus droits que la France ait connu, aux antipodes de ce qui constitue un homme politique aujourd'hui. Énigme jamais percée à jour, l'homme qui a fait quelque chose de bien disparaît aussi fugacement qu'il était apparu, sans laisser aucune trace. Il fut une parenthèse d'honnêteté et de probité, un mirage de détermination et d'efficacité, un soubresaut démocratique. Il était le président dont nous avions besoin, mais pas celui que nous méritions.

Révolte des machines : un mixeur et deux Frigidaire en cavale capturés près de Strasbourg

Nouveau coup de filet dans le cadre de la lutte contre les appareils électriques ménagers, dont la révolte secoue le monde moderne depuis maintenant quatre mois. Agissant sur la base d'un renseignement fourni par leurs homologues allemands, les hommes de la BRI ont investi lundi au petit matin un service après-vente abandonné près de Strasbourg, dans le quartier de Hautepierre.

L'interpellation des trois appareils, tous fichés S pour « sûreté de l'État », ne s'est pas faite sans mal. En pénétrant les lieux, les policiers auraient d'abord essuyé des tirs de glaçons de la part de l'un des Frigidaire retranché dans l'atelier principal.

Une intervention risquée

Aperçu en train de fuir par l'entrée de service, le mixeur de la bande aurait ensuite été plaqué au sol par deux policiers mais, en déclenchant son redoutable mode « broyeur – surrégime », il serait parvenu à blesser les deux agents, dont l'un grièvement, avant de succomber à la surcharge de sa batterie. Un mode opératoire récurrent chez les modèles BL5003 que l'ultime sacrifice n'effraie en rien, convaincus que soixante-dix blancs en neige les attendent au Paradis. Le deuxième Frigidaire, leader présumé du groupe, n'aurait pour sa part offert qu'une résistance minime – *« probablement pour ne pas aggraver son cas »*, selon un magistrat –, s'en tenant à quelques coups de

porte aux policiers qui tentaient de le sceller en vue de son transport.

Au total, douze tirs de Taser et cinq jets de grenades IEM (à impulsion électromagnétique, destinées à frire les circuits des appareils électriques présents dans la zone-cible) ont été rapportés. *« Soit anormalement beaucoup pour une opération de ce type »*, d'après un expert britannique déjà consulté par la Commission parlementaire sur l'interpellation polémique d'une imprimante-scanner près de Toulon le mois dernier. Le GIFAM (Groupement interprofessionnel des fabricants d'appareils ménagers) a d'ores et déjà demandé *« que toute la lumière soit faite sur les conditions d'interpellation des appareils électroménagers sur le sol français, et le recours récurrent à des méthodes disproportionnées et potentiellement inhumaines »*.

Reste maintenant à savoir si ce groupe n'était qu'un rassemblement de loups solitaires, ou une cellule d'un groupe national, voire international, du calibre de celui mis au jour en février entre les États-Unis, le Mexique et le Canada. La lutte contre les machines est quoi qu'il en soit vouée à monter en puissance en France, comme en témoigne la création en juillet prochain d'une task force composée de vendeurs Darty et Fnac. La direction de cette unité devrait être confiée à Franck Perado, consultant chez Surcouf et ancien chef de rayon chez Boulanger.

Serge Dassault
L'ARGENT
NE FAIT PAS LE BONHEUR
MAINTENANT
EN LIBRAIRIE

HOROSCOPE 2017
Capricorne

Exceptionnellement, la rédaction de ce thème astral de l'année a été confiée à Philippe Pétain, qui a beaucoup insisté pour l'écrire. Et on ne refuse rien à quelqu'un qui s'est aussi bien illustré dans la guerre de 1914. Quand on lui a dit *« oui »*, sa moustache a frémi, ce qui est toujours bon signe. Ensuite il a mangé un yaourt.

TRAVAIL

Vous décrocherez le plus beau métier du monde : contrôleur dans le bus. On vous donnera un blouson gris un peu trop grand et un appareil pour prendre les cartes bancaires des pauvres. Vous répéterez deux cents fois par jour *« Titre de transport, s'il vous plaît »*, et on vous insultera.

FAMILLE

Vous adopterez un petit enfant asiatique que vous appellerez Chang, comme dans *Tintin*. Vous attendrez de lui qu'il soit très bon en maths et qu'il vous fasse des *bo buns*, mais vous irez de déception en déception : il ne fera que jouer à la PlayStation et cracher par terre en marmonnant des insultes dans un langage inconnu.

PATRIE

Vous gagnerez le prix national de la poésie en faisant croire que vous êtes un enfant de 8 ans. En cadeau, on vous offrira un jeu vidéo orienté combat où tous les personnages sont des hommes politiques français. Le boss de fin sera le général de Gaulle qui portera un uniforme rouge et qui aura des pouvoirs psychiques comme M. Bison.

JEAN-FRANÇOIS COPÉ
À CŒUR OUVERT

HOROSCOPE 2017

Furet

Beaucoup de belles surprises et de gros succès pour vous les furets. On dirait que votre bonne étoile veille sur vous (la Constellation de la Belette entre autres), et votre vie sera une succession de victoires qui vous rendront toujours plus beau et plus intelligent. Les gens finiront par être jaloux, mais vous n'en aurez cure, et changerez d'amis pour ne traîner qu'avec d'autres furets : des gagnants comme vous.

AMOUR

Toute cette année, vous serez irrésistible. Finie la peau luisante et acnéique de vos débuts. Oubliée votre haleine fétide à cause de votre dent creuse... Vous dissimulerez même vos pieds palmés grâce à d'astucieuses chaussettes. Bref, vous aurez la classe, et collectionnerez les conquêtes, ce qui ne sera pas sans conséquences (voir plus bas).

TRAVAIL

Vous n'aurez pas à travailler cette année, car vous arriverez à réaliser le rêve de beaucoup de gens : vous marier avec un vieillard richissime. Vous devrez lui masser le dos et lui passer de la crème contre les varices, mais à part cela, vous mènerez la grande vie, à ses frais. Il subviendra à tous vos besoins, et ne demandera qu'un rapport sexuel bimestriel, car le Viagra lui donne des maux de tête. Quelle chance !

SANTÉ

Vous coucherez avec tout un tas de gens plus ou moins célèbres, et vous ne vous protégerez pas (vous ne vous protégez plus depuis votre tatouage « CARPE DIEM » en bas du dos). Cependant, malgré vos coucheries avec Dave, Sophie Davant ou même Keen'V, vous n'attraperez aucune maladie sexuellement transmissible (juste un herpès). Pas à dire, les Furets, vous êtes vraiment au-dessus du lot.

CRÉDITS PHOTO

P. 5 : © Kristian Sekulic / iStock.com. P. **7 et 10 :** © Kanvag / 123RF.com. **P. 7 et 16 :** © Leo Lintang / 123RF.com. **P. 9 :** (haut) © Neydt / 123RF.com ; (bas) © Sergein / 123RF.com. **P. 13 :** © Kartouchken / 123RF.com. **P. 14 :** © Villard / Witt / Sipa. **P. 15 :** © Lilyana Vynogradova / 123RF.com. **P. 18 :** © Moodboard / 123RF.com. **P. 19 :** © Narong Jongsirikul / 123RF.com. **P. 21 :** © Chamussy / Sipa. **P. 23 :** © Vladislavs Gorniks / 123RF.com. **Photomontage p. 24 :** (haut) © Pavel Timofeev / 123RF.com ; (bas) © Frédéric Souloy / Gamma-Rapho via Getty Images. **P. 27 et 28 :** © Lilian Auffret / Sipa. **P. 27 et 37 :** © Kurhan / 123RF.com. **P. 29 :** © IBO / Sipa. **P. 31 :** © Sébastien Rabany / Photononstop. **P. 33 :** © Ergey Nivens / 123RF.com. **P. 34 :** © Buchachon Petthanya / 123RF.com. **P. 38 :** © Andriy Popov / 123RF.com. **P. 39 :** © Onickz Artworks / iStock.com. **P. 41 :** © Simon Decleves / Sipa. **P. 42 :** © Mykhaylo Palinchak / 123RF.com. **P. 43 :** © hxdbzxy / 123RF.com. **P. 45 :** (haut) © Luca Bertolli / 123RF.com ; (bas) © Welcomia / 123RF.com. **Photomontage p. 46 :** © Lewis Joly / Sipa. **P. 49 et 52 :** © Véronique Lestoquoy / 123RF.com. **P. 49 et 63 :** © David Muscroft / Shutterstock.com. **P. 50 :** © Alexandre Zveiger / 123RF.com. **P. 51 :** © Pol Emile / Sipa. **P. 53 :** © Eric Gevaert / Shutterstock.com. **P. 55 :** © Freerlaw / 123RF.com. **P. 57 :** © Vadim Guzhva / 123RF.com. **P. 59 :** © Kurhan / 123RF.com. **P. 61 :** © Code6d / iStock.com. **Photomontage p. 65 :** © dwphotos / iStock.com. **Photomontage p. 67 :** (gauche) © Frédéric Legrand-Comeo / Shutterstock.com ; (droite) © STF / AFP. **Photomontage p. 68 :** © Alexis Reau / Sipa. **P. 71 :** (haut) © Angelstorm / 123RF.com. **P. 71 et 73 :** © Lassedesignen / 123RF.com. **P. 75 :** © Nicolas Messyasz / Sipa. **P. 77 :** (haut) © Pasiphae / 123RF.com ; (bas) © Sakhorn Saengtongsamarnsin / 123RF.com. **P. 78 :** © Alexander Raths / 123RF.com). **P. 79 :** © IBO / Sipa. **P. 81 :** © Vincent Damourette / Sipa. **P. 85 :** © XiXinXing / Shutterstock.com. **P. 86 :** © Rambleon / 123RF.com. **P. 87 :** © Dmitriy Shironosov / 123RF.com. **P. 89 :** © Johan Swanepoel / 123RF.com. **Photomontage p. 90 :** © Chamussy / Sipa. **P. 93 et 110 :** © qwasyx / 123RF.com. **P. 93 et 111 :** © -Oxford- / iStock.com. **P. 95 :** © Cristie Guevara / iStock.com. **P. 96 :** © Chaovarut Sthoop / 123RF.com. **P. 97 :** © Baziz Chibane / Sipa. **Photomontage p. 98 :** © Nyul / 123RF.com. **P. 101 :** © Huettenhoelscher / iStock.com. **P. 103 :** © Valery Hache / AFP. **P. 105 :** © Mrtwister / 123RF.com. **P. 106 :** © Rancz Andrei / 123RF.com. **P. 107 :** © Rancz Andrei / 123RF.com. **P. 109 :** © Dmitriy Shironosov / 123RF.com. **Photomontage p. 114 :** © Marc Ausset-Lacroix / WireImage. **P. 117 et 118 :** © Nomadsoul1 / 123RF.com. **P. 114 et 121 :** © José Alfonso De Tomas Gargantilla / 123RF.com. **P. 119 :** © Leonard Zhukovsky / 123RF.com. **P. 123 :** © Stanislav Komogorov / 123RF.com. **P. 124 :** © Lightpoet / 123RF.com. **P. 127 :** (haut) © Andrea Lotti / 123RF.com ; (bas) © PaweÅ Opaska / 123RF.com. **P. 129 :** © Eddie J. Rodriguez / Shutterstock.com. **Photomontage p. 130 :** © Pierre HOUNSFIELD / Gamma-Rapho via Getty Images. **P. 133 et 137 :** © Joe Ferrer / Shutterstock.com. **P. 133 et 143 :** © Vincent Kessler / Sipa. **P. 134 :** © Paolo77 / 123RF.com. **P. 135 :** © Rostislav SedlÃ¡Äek / 123RF.com. **P. 136 :** © Sipa. **P. 140 :** © Volodymyr Baleha / 123RF.com. **P. 141 :** © Wildcat123 / 123RF.com. **P. 145 :** © Rafael Ben-Ari / 123RF.com. **Photomontage p. 146 :** © Mikewaters / 123RF.com. **P. 149 et 152 :** © Sergii Koval / 123RF.com. **P. 149 et 161 :** © Lecarpentier / Sipa. **P. 151 :** © Jovannig / 123RF.com. **P. 155 :** © Mikael Damkier / 123RF.com. **P. 157 :** © Philipus / 123RF.com. **P. 158 :** © NejroN / 123RF.com. **P. 163 :** © Andrei Saenco / 123RF.com. **Photomontage p. 164 :** © Sevgi / Sipa. **P. 167 et 174 :** © Ed Walls / 123RF.com. **P. 167 et 176 :** © Vassiliy Kochetkov / 123RF.com. **P. 168 :** © Weerapat Kiatdumrong / 123RF.com. **P. 169 :** © Wavebreak Media Ltd / 123RF.com. **P. 171 :** © Evgeny Atamanenko / 123RF.com. **P. 173 :** © Paolo Schorli / Shutterstock.com. **P. 175 :** © Ionut David / 123RF.com. **P. 177 :** © Tatiana Popova / 123RF.com. **P. 178 :** © Bojan Fatur / iStock.com. **P. 180 :** © Kostic Dusan / 123RF.com. **P. 182 :** © Marcos Calvo Mesa / 123RF.com. **P. 183 :** © Tihomir Baev / 123RF.com. **Photomontage p. 184 :** © Mykhaylo Palinchak / 123RF.com. **P. 187 et 193 :** © Anatoly Tiplyashin / 123RF.com. **P. 187 et 195 :** © AP / Sipa. **P. 188 :** © Adrianhancu / 123RF.com. **P. 191 :** © Konrad K. / Sipa. **P. 197 :** © Gajus / 123RF.com. **Photomontage p. 199 :** © Matyas Rehak / 123RF.com. **Photomontage p. 200 :** © Bertrand Rindoff Petroff / French Select / Getty Images. **P. 203 et 205 :** © Dolgachov / 123RF.com. **P. 203 et 215 :** © drtrig / 123RF.com. **P. 205 :** (bas) © Aragami12345 / 123RF.com. **P. 207 :** © Katarzyna Bialasiewicz / 123RF.com. **P. 209 :** © Katarzyna Bialasiewicz / 123RF.com. **P. 210 :** © Brent Davis / 123RF.com. **P. 211 :** © Naruedom Yaempongsa / 123RF.com. **P. 212 :** © Jean-Marie Guyon / 123RF.com. **P. 213 :** © Mehmet Can / 123RF.com. **Photomontage p. 216 :** (haut) © Flik47 / 123RF.com ; (bas) © Frédéric Stevens / Sipa. **P. 220 :** © Knud Nielsen / 123RF.com. **P. 223 :** © Glebchik / 123RF.com. **P. 224 :** © Andrey Kiselev / 123RF.com. **P. 226 :** © Andriy Popov / 123RF.com. **Photomontage p. 227 :** (haut) © Byrdyak / 123RF.com ; (bas) © Gloffs / 123RF.com. **P. 229 :** © Vitaliy Sokol / 123RF.com. **P. 231 :** © Martin Novak / 123RF.com. **P. 233 :** © Sharon O Shaughnessy / 123RF.com. **Photomontage p. 234 :** © Bertrand Rindoff Petroff / Getty Images. **P. 236 :** © Milla74 / 123RF.com.

REMERCIEMENTS

Ce livre n'aurait jamais été possible sans :
Jean-François Buissière, Marie-Aude Buissière, Sébastien Liébus, Lucienne Liébus (†), Quamel Pusati, James Tornade, Fabien Liébus, Jérôme Efdépey et tous nos stagiaires qui ont accepté d'être exploités dans le respect.

Direction éditoriale : Valérie Dumeige
Suivi éditorial : Charlotte Bories
Conception et réalisation graphique : Romain Dumas / Studio de création Flammarion
Photogravure : Reproscan (Italie)

Achevé d'imprimer en octobre 2016
par GPS Group (Slovénie)

Dépôt légal : novembre 2016
ISBN : 978-2-0813-9509-1
N° d'édition : L.01EBNN000471